신입사원이 **복사기** 옆에 앉았을 때
생길 수 있는 **문제들**

신입사원이 복사기 옆에 앉았을 때 생길 수 있는 문제들

• 박재림 지음 •

21세기북스

차례

1장

공정성이 결여되면 주고도 뺨을 맞는다

회사가 가족적이란다. 그런데 가족적인 곳일수록 업무는 협조적이지 않다고 한다. 가족적이라는 것은 '적당히 봐주는 문화'에 대한 완곡 어법 같은 것인가. 사람들은 때로 온정을 원한다. 그러나 공정함이 전제되지 않은 온정의 관리는 주고도 뺨 맞는 결과를 낳을 뿐이다.

나는 지난 8년 동안 조직 개발 분야의 컨설턴트로 일해왔다. 그동안 다양한 프로젝트들을 실행해오면서 관찰하고 진단했던 일터 형태와 조직 문화에 대해서 다루어보고자 한다. 일터 형태는 민간 기업을 비롯해 공기업, 국가기관, 정당, 종교단체, 시민단체 등으로 다양하다. 하지만 조직 문화는 큰 차이가 없었다.

일터는 우리가 살아가는 구체적인 현장이다. 현장은 늘 바쁘다. 분주하게 움직이는 사람들은 자신의 문화적 경향성을 의식하며 생활하지 않는다. 마치 물이나 공기를 의식하지 않는 것과 같다. 그러므로 조직 문화는 몇 발짝 떨어져 바라볼 때 드러난다.

음식점에서 '물은 셀프'라는 팻말을 처음 보게 된 것은 오래전 일이다. 처음에는 익숙하지 않았기에 물을 마시면서 약간의 야박함을 느꼈다. 이제는 어느 정도 당연시되어 물도 서비스를 받으려면 그만한 비용을 치러야 한다.

'덤'이나 '에누리' 같은 것도 점점 사라지고 있다. 돌아가신 할머니가 떠올라 좌판에서 산나물을 사 가는 동네 총각이나 군대 간 자식이 눈에 어른거려 살코기를 듬뿍 얹어주는 아주머니는 찾아보기 힘들다.

선물은 마음을 주는 것으로 서로 한 발 양보하고 희생할 때 교환이 가능하다. 하지만 한국의 조직 문화에는 선물 교환이 없다. '물은 셀프' 같은 야박함으로 가득 차 있다. 조직은 개인을 위해 배려하지 않고 개인은 조직에 몰입하지 않는다. 조직이 단기적 성과에 집중할수록 구성원들은 인센티브를 외친다. 선물 교환이 없는 야멸차고 인정 없는 조직 문화로 바뀌고 있다.

일류 직원들의 삼류 문화

●

대한민국 인재는 다 여기 모여 있다는 생각이 들기도 한다. 아쉬운 것은 조직 문화이다. 기업이 일류이니 조직 문화도 일류여야 하는데 그렇지 않다. 많이 배운 훌륭한 인재들이 모인 조직의 문화가 왜 이럴까 하는 실망감이 들 때가 종종 있다.

최근 한국 기업들의 위상이 눈부시게 높아졌다. 특히 외국에 나가면 안에서는 느끼지 못하는 또 다른 한국 기업들의 위상을 보게 된다.

사실 예전에는 기업을 부정적으로 보는 경향이 강했다. '매판자본'이라고 비난하는 경우도 많았다. 그러나 이제 국민 정서가 확실히 변했다. 무엇보다 기업이 잘되어야 경제가 돌아간다는 생각이 완전히 뿌리를 내렸다.

일류 기업도 많아졌다. 다양한 산업 분야에서 여러 제품이 세계 시장을 선도하고 쟁쟁한 외국 기업과 당당히 경쟁한다. 그런 기업에서 직원들과 대화를 하다 보면 대한민국 인재는 다 여기 모여 있다는 생각이 들기도 한다. 많이 배운 훌륭한 사람들이다. 그렇게 역량 있는 직원들이 불철주야로 몸을 사리지 않고 일한다.

아쉬운 것은 조직 문화이다. 기업은 일류인데 조직 문화는 그렇지 않다. 뛰어난 인재들이 모여서 만들어내는 조직 문화가 왜 이럴까 하고 실망할 때가 종종 있다.

나는 신문 기자와 변화관리 컨설턴트로서 20년 동안 대기업, 중소기업, 공공기관, 공기업, 벤처기업 등 아주 다양한 조직을 접해왔다. 본사와 공장을 가리지 않고 현장을 관찰하고 진단해왔다. 그러면서 일류 기업 직원들이 보여주는 단선적인 사고, 얄팍한 고민, 형식적인 이해, 이기적인 논리, 소극적이고 수동적인 태도를 더 많이 보아왔다.

"기업은 이익창출이 목적입니다. 가시적인 성과가 없는 활동은 주주들의 몫을 빼앗는 월급 도둑질입니다."

C기업의 임원은 사이비 종교집단의 교주처럼 보였다. 한국 경제를 대표한다고 자타가 공인하는 기업이다. 본인은 굳은 표정으로 결의에 차서 거침없이 말을 이어갔지만 듣는 입장에서는 황당할 뿐이었다. 뻔한 이야기를 왜 하는지 이해가 되지 않았다. 나는 계속 훈계조의 이야기를 듣는 것이 불편해 담당자에게 자리를 뜨겠다는 신호를 보냈다. 대기업 임원의 눈에는 작은 컨설팅 회사의 직원이 들어오지도 않았을 것이다. 불쌍한 것은 그날 미팅을 주선한 실무자들이었다.

기업이 이익을 내야 한다는 것을 모르는 사람은 아무도 없다. 기업만 그런 것도 아니다. 일반 가정에서도 수입보다 지출이 많으면 빚을 지게 되고 최악의 경우 거리로 나앉게 될 수도 있다. 당연한 것을 내세워 부하직원을 닦달하는 행태가 실망스러운 것이다.

IMF 외환위기와 글로벌 금융위기 등의 고비를 넘기면서 최근 직장인들이 느끼는 고용 불안정성은 최고조에 달해 있다.

"나는 회사에서 실적에 시달리고 자식은 학교에서 성적에 시달리고. 이게 현실이더군요."

몇 년 전 이렇게 하소연했던 어느 그룹 계열사의 차장은 현재 팀장으로 승진해 있다. 그의 말대로 성적과 실적은 우리 사회의 문화적 단면을 읽는 키워드 같다는 생각이 든다. 그는 요즘도 만날 때마다 앞날에 대한 불안감을 이야기한다. 사람들은 어떤 생각을 하며 일하고 있는 것일까? 조직 문화는 결국 그 조직에 몸담고 있는 사람들이 만들어내는 것이다. 그러니 무엇보다 그들의 의식 세계를 깊숙이 보는 것이 중요하다.

"너네 회사는 다니기 좋으냐?"

"좋기는, 회사가 다 똑같지."

이런 대화는 너무 흔하다. 사람들은 회사에 다니기 좋은가를 궁금해한다. 일하기 좋은가를 묻지 않는다. 아주 노골적으로 적게 일하고 많이 받는 조직이 좋은 곳이라고 말하는 사람도 있다. 정작 본인이 사장이라면 그렇게 생각하는 직원을 어떻게 대할지 궁금하다. 대기업 Y부장의 트레이드마크는 '인생, 뭐 있어'라는 입버릇이었다. 대충 하자는 이야기이다. 실제로 Y 부장이 일하는 모습을 보면 그런 말이 그냥 나오는 것이 아니라는 생각이 들었다.

한국의 일하기 좋은 기업을 선정하는 프로젝트를 진행할 당시에 '회사가 고맙다'고 이야기하는 직원들을 거의 보지 못했다. 어떤 회사와 비교해도 뒤지지 않는 좋은 혜택을 받고 있으면서도 회사가 그렇게 해주는 것을 지극히 당연하게 여길 뿐이었다.

K사의 변화관리자들을 처음 만났을 때였다. 전사적인 변화관리 활동을 위해 각 팀에서 선정된 인재들이었다. 먼저 어떤 일을 하게 되는지를 전반적으로 설명한 후 사장이 나서서 간곡히 당부했다.

"회사가 추진하는 아주 중요한 활동이니 사명감을 갖고 임해주십시오."

자리를 옮겨 회식이 이어지고 분위기는 한껏 고조되었다. 그런데 사장이 떠나자 분위기가 돌변했다.

"요즘 세상에 인센티브를 줘야지. 그런 것도 없이 누가 가욋일을 해."

누군가가 이렇게 말했다. 그가 말하는 인센티브는 돈이었다. 주변의 동료들도 동조하는 분위기였다. 사실 이런 경우가 많다. 모든 사람이 돈만 쥐어주면 투철한 사명감으로 일할 것처럼 이야기한다.

그러나 경험적으로 볼 때 이런 문제에서 결코 돈은 정답이 아니다. 돈으로 불만을 줄일 수는 있지만 만족을 높일 수는 없다. 열정, 몰입, 책임감 같은 것은 돈으로 살 수 없다.

헌법적 권리마저
가로막힌다

●

변화 활동이 제대로 되고 있지 않음을 예고하는 표현 중에 하나가 '밥값은 해야
지'이다. 실무자가 자신의 밥값을 의식하게 되면 뭔가가 꼬여가고 있는 것이다.
밥값 의식은 실무자를 서두르게 만들고 그렇게 되면 실패의 확률이 더 높아진다.

최근 우리나라에서는 조직 문화를 개선하려는 노력이 거세다. 민간
기업뿐 아니라 공기업과 공공기관 등 다양한 조직에서 그 같은 변화
노력이 끊임없이 시도되고 있다. CEO들은 서슴지 않고 '사람이 가
장 중요한 자산'이라고 말한다. 조직 내부의 소프트한 측면, 직원들이
일하는 자세나 조직에 대한 열정이나 업무 몰입 같은 것이 경쟁력 강
화의 핵심 요소가 되는 시대이기 때문이다. 이제 조직 문화는 전략적
경영관리의 대상이 되었다.

그러나 다양한 시도와 노력에 비해 성공적인 사례를 찾기란 그리
쉽지 않다. 경영관리의 대상으로 완전히 정착되려면 먼저 모범적인
변화 사례가 많이 등장해야 한다. 다시 말해 어느 정도 체계화된 변화
관리 방법론이 확립되어야 한다. 그런데 불행하게도 문화를 바꾸는
변화관리를 추진하여 성공적 결과를 내기란 쉬운 일이 아니다. 일터
현장에 들어가보면 '문화는 쉽게 변하지 않는다'는 부정적 인식이 뿌

리 깊게 박혀 있는 것을 감지하게 된다.

그런 인식을 갖는 것도 무리는 아니다. 여기에는 몇 가지 이유가 있다.

- 긴 시간 소요
- 변화를 확인하기 어려움
- 은근하면서도 강력한 저항

우선 조직 문화에서는 구성원 모두가 변화의 주체인 동시에 대상이다. 그렇기 때문에 노골적이지 않은 그래서 더 다루기 어려운 강력한 저항을 만나게 된다. 사람 문제를 다루는 어려움이다. 그러나 아무리 어렵다 해도 포기할 수는 없다. 조직 문화를 바꾸지 않고 초일류로 거듭날 수 없기 때문이다. 또 어렵기 때문에 더욱더 전략적인 변화관리가 요구된다.

일반적으로 CEO는 새로 취임하면서 하루빨리 자신의 존재감을 드러내고 싶어 한다. 우선, 과거와 단절을 선언한다. 그 다음 새로운 혁신의 구상을 가지고 조직에 드라이브를 건다. 사실 이에 대해 한두 마디로 평가하는 것은 섣부른 일 같다. 어찌 보면 너무 쉽게 전임자의 것을 거둬내는 것 같기도 하고 달리 보면 일거에 조직을 장악하여 변화의 주도권을 잡는 역량으로 비춰지기도 한다.

아무튼 신임 CEO는 조직에 다양한 변화를 주문할 것이다. 조직 문화를 바꾸는 것도 그중의 하나로 강조될 것이 분명하다. 담당 임원과 부서에서는 계획을 수립해 본격적으로 변화를 독려하게 된다. 변화는 어떤 것이든 피곤한 일이다. 또 직원들은 조직을 끌어가는 사람만큼

절박하게 변화의 필요성을 느끼지 않을 수도 있다. 논리적으로는 공감하지만 몸과 마음이 따라주지 않는 경우가 다반사이다. 변화에 대한 독려가 아니라 변화를 무조건 강요하는 수준이 될 수도 있다.

어떤 변화 노력이든 초반에는 과감하게 추진될 수 있다. CEO의 관심과 지원을 등에 업었기 때문이다. 하지만 어디까지가 과감한 추진이고 어디부터가 무리한 추진인지 그 경계를 확실히 하는 것은 쉽지 않다. 변화 활동에는 비용이 들어가고 시간이 지나면서 성과를 기대하는 것은 당연하다. 기꺼이 비용을 대는 이유는 향후 기대되는 결과가 더 크기 때문이다.

그럼 언제까지 가시적 성과를 내야 하는가? CEO의 임기와 직·간접적으로 연관되어 있다. CEO가 보여준 관심과 지원이 있었으니 담당자로서는 빨리 성과를 내야 한다는 부담이 가중될 것이다. 그렇게 되면 어떠한 변화 노력 이상으로 인내심, 정교한 접근, 일관성의 유지가 요구되는 조직 문화의 개선 활동이 서서히 시간에 쫓기게 된다. 수년 전에 만났던 D사의 변화관리팀장도 그런 상황에 놓여 있었다.

회사는 구조조정을 거쳐 새로운 도약의 기틀을 마련한다며 1년 전부터 일터 문화를 개선하자는 전사적인 변화 활동을 전개하고 있었다. 김 부장은 자신의 업무를 차근차근 소개했고 이어서 고민을 토로했다.

"1년 정도 지났는데 기로에 서 있다는 느낌이 듭니다. 초기에는 톱(CEO)에서 관심을 보이니 힘을 받아 추진되었고 외견상으로는 순조롭게 잘 진행되었습니다. 작지만 변화도 있었고요. 그런데 어느 순간부터 실질적인 개선은 거의 없고 그저 보여주기 위한 활동으로 왜곡되는 듯한 느낌입니다. 큰일이에요. 그래도 밥값은 해야 하는데."

내 경험에 비춰볼 때 김 부장만 그런 초조함을 느끼는 것이 아니다. 기업 실무자들은 변화 활동을 추진하면서 거의 예외 없이 비슷한 고민에 빠져든다. 구미의 어느 공장장은 심지어 '수억 원씩 들어가는 혁신 활동이 쓰레기 수준'이라고 혹평했다. 보고서는 그럴 듯하게 올라오지만 자신이 보기에는 아무 변화도 없다고 했다.

변화 활동이 이상하게 전개되고 있음을 예고하는 표현 중에 하나가 '밥값은 해야지'이다. 실무자가 자신의 밥값을 의식하게 되면 뭔가 꼬여가는 것이다. 밥값 의식은 실무자를 더욱 서두르게 만들고 이는 실패의 확률을 더욱 높인다.

"CEO 혼자서 거의 휘젓고 다니는 수준입니다. 임원이라는 사람들은 눈치만 보고 '저러다 말겠지'라는 생각으로 떠넘기기나 하고……."

C사는 전자제품 서비스 회사였다. 인사팀 과장은 사장이 새로 오고 나서 두 달 동안 밤 10시 전에 사무실을 나가본 적이 없다고 하소연했다. 대부분의 조직에서 직원의 업무는 특정한 기능의 수행에 맞춰져 있다. 반복적으로 업무를 수행하다 보면 몇 년 안에 일머리가 생기고 주변으로부터 베테랑 소리를 듣게 된다.

이들 베테랑에게는 CEO가 바뀌는 게 아주 피곤한 일이다. 특히 해당 분야를 잘 모르는 문외한이 CEO가 되면 '쥐뿔도 모르는 게 설치는 꼴'이 된다. 능구렁이 같은 임원이나 관리자들의 입에서 '저러다 말겠지'라는 이야기가 나오는 것은 변화 노력의 실패를 예고하는 강력한 징후이다.

그들은 '우리가 어디 한두 번 경험했냐'고 생각할 것이다. 은연중에 CEO의 방침에 태클을 건다. 새로운 조직의 변화는 일단 피해야 할 소나기 정도로 인식된다. 한없이 미온적인 태도를 보인다.

임원이나 중간관리자가 조직의 변화된 방침을 수용하고 일선 조직이 따라 움직이도록 리더십을 보여야 함에도 정작 변화의 선봉이 되어야 할 사람들이 수수방관하며 '원래 새로 오면 다 그런 거야'라고 말한다. 특히 고위 공무원이나 낙선한 정치인이 '낙하산'으로 내려와 조직의 장을 맡는 경우에 이런 현상이 더욱 심하다. 조직에서 잔뼈가 굵은 사람들에게 낙하산을 타고 내려온 조직의 대표는 곧 떠날 사람으로 받아들여지기 때문이다.

직원들 입에서 '맘대로 하라'는 표현이 나온다면 변화 실패는 기정사실이다. 직원들이 조직에 기대하는 바가 없다는 것이며 조직과의 관계를 대립적으로 이해하는 것이다. 최근 대규모로 희망퇴직을 신청받았던 H사 직원들을 3년 전에 인터뷰했다. 계층별로 인터뷰 대상집단focus group을 선정해 질문을 던졌다. 사전 설문조사를 통해 직원들의 근로 의욕이 매우 떨어져 있음이 파악된 상태였다.

"이런 조사, 어디 한두 번 합니까? 백날 조사해봐야 뻔한데. 직원들이 왜 그런지 다 알면서 엉뚱한 데 돈 쓰고 있는 거지."

거침없는 표현은 조직이 정말 위기에 처해 있다는 사실을 실감하게 만들었다. 직원들은 거의 탈진한 모습이었고 언제든 떠날 마음의 준비가 되어 있는 듯했다. 이런 조직일수록 남아서 변화를 주도해야 할 사람들은 떠나고 분위기에 편승해 불평불만을 늘어놓는 사람들은 안주하는 경향을 보인다.

직원들의 표정은 조직의 상태를 직감적으로 파악하는 중요한 포인트이다. 다양한 회사를 많이 접해본 어느 CEO는 상대방 회사의 상황을 직원들의 표정에서 알아차린다고 말했다. 직원들이 짜증난 얼굴로 '맘대로 하라'고 이야기한다면 변화는 이미 실패한 것이다.

그런데 최근 진단했던 중견 그룹의 어느 계열사는 상황이 이보다 더 심했다. 직원들이 아예 말을 못하는 분위기였다. '이상한 소리 했다고 나중에 색출당할 것이 뻔한데 뭐 하러 입 아프게 이야기하느냐'는 것이었다. 나중에 색출당할 것이 뻔하다는 얘기에는 할 말을 잃게 된다. 표현의 자유는 한국에서 헌법적인 권리인데, 그런 권리마저 조직적으로 방해하는 일터의 문화가 엄존하고 있는 현실을 보여주는 것이다.

'반말하지 말자'고
교육해야 하는가

●

조직 안에 있다 보면 변화를 감지하지 못할 수도 있다. 크고 작은 변화를 순간순
간 잘 감지할 수 있으면 좋다. 하지만 대부분의 변화는 눈치 채지 못하게 은근히
찾아온다. 거대한 조직의 일하는 문화가 바뀌는 것을 내부에서 느끼는 정도가 되
려면 오랜 기간에 걸쳐 꾸준히 진행되어야 한다.

어느 날 신문 1면에 포스코에 관한 기사가 실렸다. 현행 4조 3교대의
근무 방식을 4조 2교대로 전환하는 것을 본격적으로 검토한다는 내용
이었다.

대기업의 '고용 없는 성장' 추세가 심해지는 상황에서 고용 안정
과 조직 경쟁력을 동시에 높일 수 있는 대안으로 4조 2교대가 떠오른
것이다.

유한킴벌리라는 회사를 통해 널리 알려진 방식이다. 근로자를 4개
조로 편성해서 2개 조가 하루 12시간씩 근무하는 형태이다. 나머지 2
개 조는 쉬게 되고 이때 쉬는 1개 조는 학습 활동을 한다. 이상적으로
운영된다면 직원들은 휴무일이 늘어나고 학습을 통해 역량을 강화할
수 있다.

이 같은 시도를 고민하는 것만으로도 의미 있는 변화이다. 최근 몇
년 사이에 포스코를 칭찬하는 이야기를 자주 들었다. 어느 경영 컨설

팅 회사의 대표는 이렇게 말했다.

"몇 년 동안 전체적으로 가장 많이 바뀐 기업을 꼽으라면 포스코가 단연 제일 먼저 떠오른다. 겉으로 드러나는 위상도 그렇고 내부적으로 조직 문화도 많이 좋아졌다. 내가 처음 접했던 7~8년 전과 비교하면 정말로 많이 바뀐 것 같다."

그런데 실제 내부 직원들의 평가는 다를 수도 있다. 대개는 자기 조직을 좋게 평가하지 않는다. 지난 설에 만났던 포스코 직원도 4조 2교대제의 검토 등에 대한 내부 반응은 썰렁하다고 했다.

"형식적인 보고서가 많아요. 전에 했던 것을 그대로 모양만 바꿔서 사용합니다."

"아무리 상사지만 개인이 할 학습 과제를 시켜서야 되겠습니까?"

이런 이야기를 들으면 '뭐가 달라졌나' 싶은 생각도 든다. 사실 안에서 생활하면 정작 자기 조직에서 일어나는 변화를 감지하지 못할 수도 있다. 크고 작은 변화를 순간순간 잘 감지할 수 있으면 좋다. 하지만 대부분의 변화는 눈치 채지 못하게 은근히 찾아온다. 거대한 조직의 일하는 문화가 바뀌는 것을 내부에서 느끼는 정도가 되려면 오랜 기간에 걸쳐 꾸준히 진행되어야 한다.

일부 포스코 직원이 이야기했던 정도면 양반(?)이다. 창의와 열정이 강조되는 21세기의 한 귀퉁이에서 진행되는 교육 내용은 드러내기도 쑥스럽다. 시대가 지향하는 가치와는 너무나 큰 격차를 보인다. 나는 처음 대기업에서 '이런 것까지도 교육을 해야 하는가' 하는 회의를 가졌다. 그러나 몇 년 뒤에도 표현이 약간 바뀌었을 뿐 똑같은 교육을 하고 있었다. 경치도 좋은 지리산 기슭에서 진행되었던 C사 직원들의 교육이 그랬다.

1. 반말하지 않기
2. 험담하지 않기
3. 이기적으로 행동하지 않기
4. 공사를 구분하기
5. 남에게 피해주지 않기

직원들에게 강조하는 다섯 가지 행동 지침은 이런 식이었다. 실무자는 직원들을 대상으로 한 자체 조사에서 나온 이야기라고 했다. 그러니까 이 회사에는 반말과 욕설이 횡행하고 직급이 높다고 부하를 막 대하는 상사가 많고 마음 맞는 사람들끼리 모여 다른 사람 험담을 하기도 하는 것이다. 먼저 희생하거나 양보하는 행동은 거의 없고 다른 팀이나 동료에게 피해를 주고 회사 물건을 집에 가져가는 직원도 있다는 것이다.

직원들은 교육 내용에 대체로 공감하는 듯했다. 실무자도 만족스러워했다. 뜬구름 잡는 식의 개념 이야기가 아니라 훨씬 실용적이고 실제 변화로 연결될 수 있는 구체적인 교육이었다고 스스로 평가했다.

이런 프로그램을 설계하게 된 배경을 이해하지 못하는 것은 아니다. 그러나 교육이 진행되는 것을 보면서 '이런 건 초등학교에서 다 끝났어야 하는 교육이 아닌가.' 하는 생각을 떨쳐버릴 수 없었다. 오히려 직원 중에서 '우리가 초딩이냐'고 따지는 사람이 나오지 않을까 노심초사했는데 그런 불상사는 일어나지 않았다. 사실 그게 더 이상했지만 현실이 그렇다니 어쩌겠는가 싶었다.

권위주의 – 소통의 장애물

•

권위주의적인 중간관리자가 많은 조직에는 더 높은 권위자를 정점으로 한 수직적
질서가 구축되어 있다. 다시 말해 CEO가 권위적이기 때문에 조직 내부의 그런
모습을 용인하고 있는 것이다. 그 조직의 하부에서는 장차 권위주의적인 행동을
답습할 부하들이 성장하고 있을 것이다.

한국 기업 조직 문화 진단 결과에서 단골 이슈는 커뮤니케이션이다.
직장인들은 커뮤니케이션이 안 된다고 말한다. 그런 결과가 나오면
곧바로 간담회를 마련해 대화의 기회를 더 늘리곤 한다. 대화 자체가
절대적으로 부족하다면 그런 노력이 유효할 것이다. 그렇게 해서 상
황을 호전시키는 조직도 있다. 그러나 대화의 양적 확대가 소통 문제
의 근본적 해결은 아니다. 대화를 아무리 많이 해도 여전히 커뮤니케
이션이 안 된다는 조직이 많다. 소통이 제대로 이뤄지지 않아서다. 결
론적으로 말하면 커뮤니케이션의 문제, 그러니까 소통의 문제는 권위
주의에서 기인한다.

설문 결과를 보면 한국 기업에서 '윗사람과 대화하기 편하다'는
항목에 긍정적으로 응답하는 비율은 아주 낮다. 어떤 조직에서는 이
런 결과를 아주 당연하게 받아들인다. 윗사람과 대화하는 것이 편할
수는 없다. 따라서 그다지 문제는 아니라는 것이다.

그러나 편하지 않은 관계는 윗사람의 권위주의적인 사고와 행동

에서 기인한다. 그런 관계가 시대적인 가치와 부합되지 않는 것은 명백하다. 자발성, 적극성, 나아가 창의성 같은 가치는 포기해야 한다. 거북하고 불편하고 무서운 사람 앞에서 적극적이고 창의적으로 업무를 수행한다는 것은 모순이다. 겉으로는 어떨지 몰라도 그저 눈치 보면서 시키는 대로 할 뿐이다. 상사들은 대화하기가 어렵다는 하소연에는 귀 기울이지 않으면서 직원들에게는 창의적으로 일을 하라고 요구하고 있지는 않은지 돌아봐야 한다.

최근 권위주의적인 사고와 행동으로 한바탕 사회가 떠들썩했던 사건이 있다. 39세의 판사 이야기이다. 그 판사는 한 노인이 재판을 받던 중 허락 없이 앞으로 나와 발언을 한 것이 눈에 거슬렸던 모양이다. 노인은 허락을 받고 발언을 해야 하는지 알지도 못했다. 그냥 자기의 입장을 옹호하기 위해 말을 한 것이다.

그런데 판사가 대뜸 일흔이 다 된 노인에게 '어디서 버릇없이 툭 튀어 나오냐'고 했다. 노인은 충격을 받아 재판도 포기하고 인권위에 진정했고 그 판사의 언행은 사회의 공분을 샀다. 여론의 뭇매를 맞는 것은 당연한 결과였다. 판사가 그동안 어떤 마음으로 얼마나 거만한 자세로 재판을 해왔는지 짐작이 가고도 남는다는 이야기였다. 판사의 언행은 머릿속의 권위주의에서 나온 것이다.

"부장이 지시하는데 싸가지없이."

"어떻게 임원 앞에서 버릇없이."

"너는 유치원도 안 나왔냐. 선배가 말하면 들어야 할 것 아니야."

조직 문화를 진단하면서 수없이 들었던 표현이다. 서로가 직무에 기반하여 이야기하는 것이 아니라 직위를 기준으로 관계를 맺는다. 직위가 곧 권위이고 직위에 복종하고 따를 것을 요구한다.

권위주의는 인간을 존중하지 않는 태도이다. 권위주의에 빠진 리더는 부하를 하대하거나 무시해도 된다는 인식을 갖는다. 당연히 상대방의 이야기는 귀담아듣지 않게 된다. 한국의 일터에서는 부지불식간에 그런 일이 예사로 일어난다.

중요한 것은 권위주의가 어느 한 개인의 문제만은 아니라는 것이다. 조직 전체가 권위주의에 빠져 있는 경우가 많다. 하지만 권위주의적으로 행동할수록 권위는 생기지 않고 부작용만 생긴다.

"나도 이 나이에 사장님 지시를 따르는데 요즘 젊은 것들은 싸가지가 없다. 우리 젊었을 때는 그러지 않았다."

"팀장이 뭘 하자고 하면 부하직원들은 다른 생각이 있어도 말을 꺼내지 못한다. 회식 장소를 정하는 지극히 사소한 문제에서도 그럴 정도라면 말 다한 것 아니냐."

"뻔히 잘못된 지시라는 것을 알면서도 개입하지 않는다. 가만히 눈감고 중간만 가려고 하는 것이다."

국내에서도 유명한 경영저술가 말콤 글래드웰은 『아웃라이어』라는 책을 통해 1997년 괌에서 추락한 대한항공기의 블랙박스를 조사한 결과 사고의 원인이 조종실 내 경직된 권위주의적 문화로 밝혀졌다고 주장한다.

권위주의적인 중간관리자가 많은 조직에는 더 높은 권위자를 정점으로 한 수직적 질서가 구축되어 있다. 다시 말해 CEO가 권위적이기 때문에 그냥 용인하는 것이다. 그렇지 않다면 정말 뭐가 문제인가를 모르고 있거나. 게다가 그 조직의 하부에서는 장차 권위주의적인 행동을 답습할 부하들이 성장하고 있을 것이다.

조직의 최고 상층부에서 일선 현장에까지 권위주의적 질서가 광

범위하게 퍼져 있는 곳에서는 합리성이나 자발적 동의가 언제나 배제된다. 대신 조직은 타율과 통제에 의해서만 굴러간다.

그런 조직에서 만나는 과장은 부장만을 주시한다. 부장은 임원만을 바라본다. 임원도 예외가 아니다. CEO의 의중에만 관심을 둔다. 겉으로는 아래를 보는 것처럼 행동하지만 정말로 의식하는 것은 늘 위에 있는 사람이다. 그렇게 서로 위만 바라보고 있으면 아무리 대화 시간을 늘려도 소통이 될 리가 없다.

일 년에 한 번 듣는 비전 이야기, 하루에 한 번 듣는 성과 이야기

●

실적을 묻는 사장의 행동은 더할 나위 없는 강한 메시지다. 구성원들에게는 어떻게든 실적을 끌어올려야 한다는 압박으로 작동했다. 임원들은 덩달아 부장들을 들볶았다. 극단적인 부서이기주의가 나타났다. 남 사정 봐줄 처지가 못 되었다. 사장이 '그냥 궁금해서 묻는 행동'의 부작용은 결코 간단치 않았다. 조직의 지배적 화두가 오로지 실적이었다.

나는 어릴 적 미국의 서부 개척시대를 배경으로 한 연속극을 즐겨봤다. 주인공을 비롯해 보안관, 악당, 중년 부인, 목장 주인 그리고 사냥개 정도가 등장한다. 이권을 차지하려고 술수를 쓰는 악당, 목숨을 걸고라도 땅을 지키려는 목장 주인, 공동체 규범을 사수하려는 보안관, 항상 정의가 승리한다는 것을 보여주는 주인공이란 설정이 매번 같았다.

그런 드라마의 영향이 컸던 때문인지 미국 문화를 상징하고 미국적 가치를 대변하는 키워드 하면 개척, 도전, 정의, 기회, 민주주의 등이 떠오른다.

조직 문화에서 중요한 것은 언어다. 언어를 통해 문화가 형성되고 그렇게 형성된 문화는 다시 언어를 통해 표출된다. 학문적으로는 문화를 '집단의 공유된 의미 체계'로 정의하기도 한다. 한 문화권 안에서 사는 사람들 사이에는 굳이 설명하지 않아도 특정 언어, 행동, 상징이 담고 있는 의미가 폭넓게 공유되어 있다. 강한 문화는 그래서 이같은 의미 공유의 강도가 아주 센 것이다. 예컨대 우리에게는 '흥부' 혹은 '로또' 같은 단어의 함의가 사회적으로 널리 공유되어 있다. 로또라는 단어가 사회적으로 널리 유통되는 것이 긍정적으로 보이지는 않는다.

기업에서 조직 문화를 진단한다고 하면 대개 설문조사를 한다. 직원들에게 설문지를 돌려 응답을 보고 예를 들어 의사소통 영역이 60점이라는 식으로 결과를 끌어내는 것이다. 그다지 적절한 방법 같지는 않다. 조직 문화는 점수화하기 힘들기 때문이다. 나아가 그 결과를 활용하는 방법도 좋지 않은 경우가 많다. 게다가 진실한 응답을 받는 것조차도 쉽지 않다.

차라리 직원들과 인터뷰를 하거나 서로가 대화하는 모습을 지켜보는 것이 더 도움이 되곤 한다. 내부에서 일상적으로 이뤄지는 대화의 의제, 즐겨 사용하는 단어, 공유된 의미 같은 것을 파악할 수 있다.

귀에 못이 박히도록 듣는 비전 공유라는 것도 그렇다. 설문지를 가지고 비전이 공유되었는가를 묻고 그것을 수치화시키는 것이 우스꽝스럽다. 공유되었다는 것은 굳이 설명하지 않아도 그 의미가 공동체 안에서 동일하게 해석되고 있다는 것이다. 차라리 무의식적으로 어떤 이야기를 하고 있는지, 조직 내부에 어떤 공통의 언어가 있는지를 살펴보는 것이 더 효과적일 때가 많다.

몇 년간 접해왔던 김 사장과 관련된 사례는 조직의 지배적 화두에 대해 잘 설명해준다. 김 사장의 회사는 전국적 판매 조직을 가지고 있는 그룹 계열사였다. 그는 인상이 온화하고 한눈에 봐도 엘리트 코스를 밟아온 느낌을 줬다. 자그마한 체구에서 나오는 절도 있는 행동은 오랜 직장 생활의 결과였을 것이다. 그는 어느 날 '직원들이 너무 애사심이 없고 소극적인 것 같다'고 불만을 토로했다. 일 처리가 구태의연하다고 했다.

나는 실무자들과 많은 이야기를 나눴고 김 사장의 산적한 고민거리도 하나둘 이해할 수 있었다. 그는 대체로 현안에 잘 대처하고 있었다. 최소한 표면적으로는 더 나빠지지 않도록 조직을 이끌어갔다. 그러나 조직의 화두를 건설적인 방향으로 이끌지는 못했다. 그는 여러 가지를 고민하고 있었지만 현장으로 내려갈수록 유일한 화두는 실적이었다. 직원들은 '실적이 곧 인격'이라는 표현으로 자조하고 있었다.

김 사장의 의도하지 않은 행동이 단초였다. 그는 주간, 월간, 분기 단위로 직접 실적을 챙겼다. 어떤 날은 그날의 실적을 담당 부서에 물었다. 저녁 약속 장소로 이동하는 차 안에서도 전화를 걸었다. 나중에 들어보니 사장은 '그저 궁금해서 물어보는 것일 뿐'이라고 했다.

그는 아주 일상적이고 사소한 결정에도 늘 관여했다. 실적에 영향을 미칠 만한 것은 빼놓지 않았다. 따지고 보면 어느 업무도 실적과 무관하지는 않았다. 결과적으로 '시시콜콜한' 부분까지 챙기는 사람으로 비치고 있었다. 웬만한 것은 부하직원들에게 맡긴다는 자기 인식과는 너무 큰 차이였다.

사장이 그렇다 보니 영업 담당 임원의 행동은 불문가지였다. 실적은 영업 담당 임원이 일차적으로 챙겨야 할 고유 업무였다. 그런데 사장의 관심 표명이 너무 잦으니 영업 담당 임원으로서는 더욱 채찍을 휘두를 수밖에 없었다. 허구한 날 부하직원들을 닦달하게 됐다.

경영의 최종 책임자로서 사장의 행동에는 불가피한 측면이 있지만 정도가 과했다. 아무도 사장의 행동을 대놓고 뭐라고 할 수는 없었다. 급기야 조직의 구석구석에서 수군대는 말이 들려왔다. 결국 조직 전체가 실적의 포로가 되어가고 있었다.

실적을 묻는 사장의 행동은 더할 나위 없는 강한 메시지다. 어떻게든 실적을 끌어올려야 한다는 압박으로 작동했다. 임원들은 덩달아 부장들을 들볶았다. 극단적인 부서이기주의가 나타났다. 남 사정 봐줄 처지가 못 되었다. 일단 우리 부서의 실적 챙기기에 혈안이었다. 부서의 관리자와 직원들은 작은 실적도 부풀려 크게 보이도록 노력했다. 사장이 '그냥 궁금해서 묻는 행동'의 부작용은 결코 간단치 않았다. 직원들이 늘 염두에 두는 주제, 조직 내부의 공통 언어, 조직의 지배적 화두가 오로지 실적이었다.

L사에서도 직원들에게 비전 교육을 시켰다. 그러나 오로지 실적만이 중요한 문화에서 비전이란 단어를 듣는 직원들은 그것을 아주 낯설게 느꼈을 것이다.

비전은 교육을 통해서가 아니라 일상적인 대화의 주제, 무의식적으로 사용하는 언어, 조직의 화두 같은 것을 통해 공유될 수 있다. 변화관리 차원에서도 조직의 화두가 잘 관리되어야 한다.

변화 프로그램 쇼핑하기

●

변화관리 컨설팅을 하다 보면 아주 안 좋은 두 가지 경우를 볼 수 있다. 첫째는 건성으로 하는 변화이고 둘째는 방법론에 매몰되는 변화이다. 건성으로 하는 변화는 아무런 효과가 없다. 방법론에 매몰된 변화 역시 겉으로는 뭔가가 되는 것 같지만 실제로는 부작용이 심각해진다.

"그때 그거 연습하는 거였지요?"

어느 날 대기업 부사장이 따끔하게 일침을 가했다. 사실 경영층을 대상으로 변화관리 프로그램을 실행하는 것은 아주 어렵다. 현실적으로 시간을 빼기가 쉽지 않다. 조직의 높은 사람들을 모두 한자리에 모아야 하기 때문에 대개는 실무자들이 껄끄러워한다.

대기업 임원이니 당연히 역량이 출중할 것이다. 하지만 그중에는 퇴직하고 나면 어디 공원에서라도 잘 적응할지 걱정되는 사람도 있다. 부딪쳐보면 함량 미달이라는 느낌을 받는 경우도 있다.

그런 사람들을 한자리에 모았으니 짧은 시간에 많은 내용을 압축적으로 끼워넣게 된다. 결과적으로 불이 붙으려고 하는 순간 끝나버리는 식이 되었다. 임원들을 너무 과신한 측면도 있었다. 세부적인 사항을 하나씩 다루는 것이 아니라 큰 이슈들만 짚으려고 한 것이다. 하지만 임원이라고 해서 조직 문화에 대한 인식이 높은 것은 아니었다. 논의는 자꾸 옆으로 흘렀다. 원래 사장은 임원들에게 불만이 있었다.

사장은 프로그램 기획을 위한 인터뷰에서 '임원들의 사고 수준이 너무 지엽적이다'는 이야기를 넌지시 했다. 실제로 꼬투리를 잡는 식의 참여가 현실화되었다.

변화관리 컨설팅을 하다 보면 아주 안 좋은 두 가지 경우를 볼 수 있다. 첫째는 건성으로 하는 변화이고 둘째는 방법론에 매몰되는 변화이다. 건성으로 하는 변화는 아무런 효과가 없다. 방법론에 매몰된 변화 역시 겉으로는 뭔가가 되는 것 같지만 실제로는 부작용이 심각해진다.

어느 날 공기업에서 변화와 혁신을 주제로 한 워크숍 강의를 해 달라는 요청을 받았다. 실무자가 보내준 일정표에는 6시간 동안 소화해야 하는 변화와 혁신의 주제가 세 가지나 되었다. 성과지표, 조직 문화, 가치혁신이었다.

또 다른 공기업인 D사의 교육훈련부서와 중간관리자 대상의 2박 3일짜리 교육 프로그램을 설계한 적도 있다. 관리자들에게서 구체적인 변화가 일어나는 것을 목표로 한다. 물론 단 한 번의 2박 3일 교육만으로 달성하기 어려운 도전 과제다. 그럼에도 목표를 그렇게 잡는 것은 한 발짝이라도 실질적 변화에 다가서기 위해서다.

하지만 D사 실무자의 생각은 전혀 달랐다. 그는 정부에서 어떤 지표를 가지고 공기업의 변화와 혁신을 평가하는지를 설명했다. 교육 프로그램은 그런 지표들에 제대로 대응하는 것이 일차적인 목표였다. 한마디로 열심히 하고 있다는 것을 보여주고 싶은 것이었다. 교육 프로그램은 결국 잡다한 내용의 짜깁기처럼 되어버렸다. 교육은 실무자의 의도대로 잘 끝났다. D사는 정부 경영평가에서 좋은 점수를 받았다. 아마 직원들은 성과급을 두둑이 챙겼을 것이다.

변화를 건성으로 시도하는 조직은 그리 많지 않지만 특정 개념이나 방법론에 매몰되는 경우는 의외로 많다. 리스트럭처링restructuring, 전사적 품질관리(TQM), 6시그마, 지식경영, 리엔지니어링, 전사적 자원관리(ERP), 균형성과지표(BSC) 등 다양한 변화 혁신의 방법론이 유행했다. 실무자들은 항상 새로운 방법론을 찾고 있다. 마치 물건을 쇼핑하는 듯하다. 하지만 그중 하나라도 제대로 했으면 좋겠다.

컨설팅 회사는 자신이 제공하는 방법론이 기업에게 대단한 성과를 가져다줄 것이라고 말한다. 외국의 어느 기업에서 적용했던 사례를 마치 '증빙 자료'처럼 내민다. 그러나 외국 기업에서의 사례가 얼마나 유효한 것인지 회의가 들 때도 있다. 외국 기업에서 했다고 따라가는 것은 결코 좋은 전략이 아니다.

변화와 혁신 활동은 시작만 하면 되는 것이 아니라 직원들이 변화된 방식으로 행동하는 단계까지 가야 한다. 그렇기 때문에 오히려 각나라 혹은 조직 문화에 따라 차별화된 적용이 필요하다. 예를 들어 이론적으로는 리더는 부하들과 많은 정보를 공유해야 한다고 하지만 진단 결과는 대개 그런 리더십 행동을 부하들이 '귀찮아한다'는 쪽으로 나오곤 한다. 한국에서 이상적인 리더는 알아서 처리해주는 사람인지도 모른다.

현대 경영학의 아버지로 칭송받는 피터 드러커P. Drucker는 특히 어떤 개념이나 방법론의 포로가 되는 현상을 '지배적 차원의 환상'이란 용어로 설명했다. 모든 일에는 다섯 가지 차원이 존재한다. 생리적 차원, 심리적 차원, 사회적 차원, 경제적 차원, 권력적 차원이다. 다섯 가지 차원은 어느 업무에서나 상호 유기적으로 작동한다. 다섯 가지 차원에서 비롯되는 요구들은 상호 이질적이며 심한 경우 정반대 방향으로 표출되기도 한다. 또한 그런 요구들은 동시다발적으로 표출되기 때문에 순차적으로 관리될 수 없다.

피터 드러커에 따르면 변화 혁신의 개념이나 방법론은 대개 다섯 가지 차원 중 어느 하나에 기초한다. 하나의 차원을 지배적인 것으로 인식하기 때문에 변화 혁신의 조직이나 대상자를 제대로 상대하지 못하는 오류를 범하게 되는 것이다. TQM, 리엔지니어링, 일본식 경영, 균형성과지표, 지식경영, 목표에 의한 관리(MBO), Y이론 등이 모두 그렇다고 한다. 그는 특정 개념이나 방법론을 궁극적인 해결책으로 맹신하는 시각이 너무 위험하다고 지적했다.

임금이 아니라
사또가 더 무서운 법

●

커뮤니케이션을 어렵게 만드는 것은 그것을 막아버리는 문화나 리더십 행동에 있다. 직원들은 뚜렷한 이슈를 가지고 불만을 표출하기도 하지만 그저 현실이 답답해서 하소연하는 경우도 적지 않다. 건강한 조직이라면 그런 불만은 공식적인 경로를 통해 흘러나와야 한다. 공식적인 경로가 열리지 않으면 비공식적으로 회자된다.

모 대학 교수가 10대들의 통신 언어를 연구했는데 결과가 가관이었다. 그 기발함에 혀를 내두를 정도였다.

'罪송 罪송'(죄송합니다)
'할末二읍돠'(할 말이 없다)

한자음을 빌려 쓴 표현은 그래도 좀 낫다. 아예 새로운 문자를 창조하기도 한다.

'山茶改冷꿇u'(열심히 할게요)
'아⒭ㅅㅓ毛ㆅㅐ'(알아서 뭐 해)

그는 10대들의 튀는 성향이 이 같은 통신 언어라는 문화를 만들었다고 분석했다. 독특한 성향을 지닌 젊은 층과의 대화는 그 양상이 복잡할수록 커뮤니케이션이 더욱 어려워질 것이다.

어느 중소기업 회계 담당자의 사례는 커뮤니케이션이 기본적인 조직 활동이면서도 쉽지 않다는 것을 보여준다. 그는 당시 회사를 옮긴 지 반 년 정도 지난 상태였다. 사장은 주 단위로 회계 보고를 받았다. 꼬치꼬치 캐묻지는 않았지만 서류를 보고 나서는 항상 '잘 처리하라'는 말을 덧붙였다.

그는 뭐가 잘못되었나 싶어서 한두 번 다시 계산해보기도 했지만 착오는 없었다. 그는 똑같은 이야기를 거듭해서 듣게 되자 사장이 그런 말을 하는 의도가 궁금했다. 마침내 전임자의 연락처를 알아내 혹시 다른 의도가 있는지 물어보게 되었다.

"비자금이요? 그런 건 아니고요. 그런 돈이 필요하면 따로 말씀하실 겁니다. 그냥 사장님의 언어 습관이에요. 자금 수요가 몰릴 때만 미리 말씀드리면 됩니다."

그의 고민은 해프닝으로 끝났다. 하지만 새삼 명확한 표현이 얼마나 중요한가를 느꼈다고 한다. 현대는 많은 것들을 맥락적으로 이해해야 하는 고맥락high context의 사회이기 때문에 의도적으로라도 표현을 명확히 하도록 노력해야 한다.

현장을 다녀보면 커뮤니케이션을 어렵게 만드는 것은 그것을 막아버리는 문화나 리더십 행동에 있다. 직원들은 뚜렷한 이슈를 가지고 불만을 표출하기도 하지만 그저 현실이 답답해서 하소연하는 경우도 적지 않다. 건강한 조직이라면 그런 불만은 공식적인 경로를 통해 흘러나와야 한다. 공식적인 경로가 열리지 않으면 비공식적으로 회자된다.

B사는 표면적으로 어엿한 대기업이었지만 내막을 들여다보면 아주 기본적인 의사소통도 제대로 이뤄지지 않았다. 인터뷰에 참여한 직원들의 행동도 그 실상을 여실히 보여줬다.

"계층을 대표해서 말씀하시는 거니까 평소 의견을 그대로 이야기하시면 됩니다."

"정말 누가 이야기했는지 모를 거라고요? 제가 인터뷰 대상자로 여기 온 걸 이미 다들 알고 있는데 어떻게 모르게 한다는 건가요."

그곳 직원들 간에는 조직에 대해 부정적인 인식이 팽배했다. 그러나 그것을 결코 드러내려고 하지 않았다. 사장이 직접 사인한 '아무런 불이익이 돌아가지 않는다'는 안내문을 보여줘도 소용이 없었다. 사실 말뿐만 아니라 보이는 행동 등을 종합적으로 보고 진단하기 때문에 뭔가를 숨긴다고 해서 숨겨지지는 않는다. 실무자는 직원들이 평소 '개인적인 불만은 부서 밖에서 이야기하지 않는 것이 좋다'는 생각을 하고 있다고 했다.

"그 말씀은 팀장님이 간혹……."

"아니요. 그런 뜻이 아니고요. 팀장님은 잘해주시죠."

한두 마디 꺼내놓은 것을 가지고 추가 질문을 하면 심하게 경계했다. 자신들의 이야기를 부정적인 의미로 해석해서 질문하면 겁먹은 사람처럼 '그런 뜻은 아니다'라고 방어적인 태도를 취했다.

사장은 비용을 들여 조직 문화 진단을 의뢰했다. 그런데 팀장이 눈치껏 부하직원의 입단속을 시키는 이상한 상황은 다른 회사에서도 빈번히 일어난다. 물론 팀장이 노골적으로 의사 표현을 방해하지는 않는다. 그러나 '너는 눈치도 없느냐'는 핀잔과 고과에 반영시킬 수 있다는 암시만으로 얼마든지 방해가 가능하다. 한두 번의 부정적 학습 효과를 경험했다면 '알아서 기는 문화'가 정착되는 것은 시간문제이다.

회사 직원이 외부 사람에게 속내를 드러내지 않는 것은 그런대로 이해할 수 있다. 어떤 회사는 사내에서도 말을 억제해야 하는 조직 문화가 있다. 공기업에서 분사했던 D사의 사장은 현장 간담회를 무척 강조했다. 분사 3년째를 맞이하면서 유연한 기업 문화를 만들자며 커뮤니케이션 활동을 전개했다.

그는 사장으로서 수시로 현장 직원들을 만나 고충을 듣고자 했다. 모든 임원들에게도 자체적으로 현장 간담회를 실행하도록 독려했다. 그러나 얼마 지나지 않아 현장 간담회는 사장, 임원, 직원 모두에게 아주 불편한 자리가 되어버렸다.

사장이 방문한다고 하니 지점에서는 본사에 전화를 걸어 일정을 확인하고 준비해야만 했다. 여직원은 영문도 모르고 회의실 먼지를 닦느라 오전 시간을 다 보냈다. 사장은 소신대로 간담회를 아무런 격식 없이 자유분방한 분위기에서 진행하려고 노력했다. 그러나 직원들의 이야기를 끌어내는 일은 말처럼 쉽지 않았다.

"이야기해 보자고 하면 입을 닫아버립니다. 괜히 말해서 풍파를 일으키고 싶지 않은 겁니다. 결국엔 돌아가면서 한마디씩 하는 분위기가 되더군요. 수위 조절을 해가며 대부분 잘 굴러가고 있다는 평가로 일관되어 알맹이 없는 간담회가 되어버렸습니다."

간담회 참석자 간에 사전 시나리오가 정해지기도 했다. 사장은 실망스러웠지만 '팀장이 더 무서운 존재'임을 인정할 수밖에 없었다고 한다.

어떤 기업에서는 '조직 생활 할 만큼 했는데 안의 허물을 밖에 이야기해서 뭐가 도움이 되느냐고 말한다. 그러나 그건 분명 잘못된 문화이고 궤변일 뿐이다.

소통 문화를 이야기하면서 팀을 중심으로 안과 밖을 경계 짓는 것도 문제이지만 정작 안의 허물을 스스로 벗겨내고 거듭나는 자정自淨의 역량이 없다는 것은 더 큰 문제이다. 중간관리자가 사장과 문제의식을 공유하지 못하면 조직 문화의 변화는 요원해진다.

온정적인 문화는
'주고도 뺨 맞는' 문화가 된다

●

조직 문화가 온정적이어서는 안 된다. 그것은 두번째 가치가 될 수는 있지만 첫번째 가치는 아니다. 조직에서 가장 우선되어야 할 가치는 공정성이다. 조직에서 리더는 개인이 아니다. CEO가 되었든 팀장이 되었든 구체적인 현장에서 조직을 대변하는 사람일 뿐이다.

한국의 직장인들은 설문지에서 '우리는 가족적이다'라는 항목에 매우 긍정적으로 응답하는 편이다. 하지만 실제로도 그런지는 드러나지 않는다. 가족적이라고 믿거나 혹은 가족적인 것을 바람직한 것으로 인식한다는 점이 드러날 뿐이다. 실제로 성과주의 문화가 본격화되면서 가족적인 일터 분위기는 많이 사라졌다. 가족적인 분위기를 따질 만한 형편이 아닌 조직도 많다.

그럼에도 불구하고 설문조사 결과는 가족적이라고 나온다. 그에 비해 '우리는 업무를 할 때 협조적이다'라는 항목에 대해서는 긍정적 응답의 비율이 큰 폭으로 떨어진다. 대부분의 한국 기업에서 일관적으로 나타난다. 결국 직원들은 분위기는 대체로 가족적인데 업무를 할 때는 협조적이지는 않다고 인식하는 셈이다.

'과연 어떤 행동을 보거나 기대하면서 가족적이라고 응답하는 것일까?'

나는 직원들을 인터뷰할 때마다 이와 관련한 질문을 던져봤다. 그 결과 직장인들이 가족적인 분위기라고 말할 수 있는 행동은 다음과 같았다.

- 약간의 실수가 있어도 감싸주는 행동
- 호형호제할 수 있는 관계
- 전날 술을 마시고 조금 늦게 출근해도 봐주는 상사
- 퇴근 후 포장마차에서 한잔할 수 있는 관계
- 실적을 가지고 다그치지 않는 문화

결과를 놓고 보면 가족적인 분위기가 반드시 바람직하다고 보기는 어렵다. 이미 설문조사 단계에서 분위기는 가족적인데 업무를 할 때는 협조적이지 않다는 결과가 나오는 것만 봐도 그렇다. 나는 좀 충격을 받았다. 나는 가족적이라면 협조적이어야 한다고 생각했기 때문이다.

가족적 관계에서 이상적인 가치는 아버지의 책임감, 어머니의 희생, 형님의 보살핌, 동생의 따름, 모두의 화합 등이다. 가족적인 일터란 아침에 출근하면 동료들이 반갑게 맞아주고 기안을 올리면 팀장이 세심하게 코치해주고 골치 아픈 업무로 머리를 싸매고 있으면 후배 직원이 커피 한 잔 뽑아주는 것 같은 모습이었는지 모른다. 그런 가치와 비교할 때 가족적인 일터를 통해 기대하는 모습은 너무나 큰 차이가 있었다.

퇴근길에 선배 직원과 포장마차에 들러 사적인 인생 상담까지 하는 일을 나쁘다고 할 수는 없다. 하지만 그런 관계가 업무 수행에 긍정적인 영향을 끼치지 못한다면 조직에서는 좋은 일이 아니다. 그렇게 술 마시고 늦게 나와도 눈감아주는 모습을 원한다면 더더욱 그렇다.

한국의 직장인들은 여전히 조직과 상사에 대해 온정적인 결정과 행동을 기대하는 것 같다. 이런저런 생각들이 있지만 전체적으로 보면 온정을 기대하고 그것이 좋은 것이라고 여기는 경향이 강하다.

일본 기업에서는 직장에 갓 들어온 초년생에게 '아마에루나'(응석 부리지 말라는 의미)라는 말을 가장 먼저 강조한다. 직장에 들어와서도 어린아이처럼 응석부리는 행동을 하는 사람들이 그만큼 많았다는 의미이다. 한국의 직장인들이 가족적인 분위기와 관련한 설문조사 결과를 통해 드러내는 조직이나 리더에 대한 기대도 이와 같은 것으로 해석된다. 그런 사람들이 조직이나 리더에 대해 갖는 이상적인 모습은 '기대고 의지할 수 있음'이다.

현대는 경영 환경이 급변하는 무한 경쟁의 시대이다. 표면적으로는 그런 기대를 갖는 것이 현실적이지 않다고 이야기한다. 그런 기대를 하는 것 자체가 프로답지 않다는 논리에 수긍한다. 그러나 사람들의 사고와 행동이 항상 논리적이지는 않다. 마음속에서는 그런 기대를 여전히 가지고 있다. 정情의 문화라고 말하는 전통이 오랫동안 유지되면서 형성된 문화적 유전자가 쉽게 바뀌지 않아서일 것이다. 물론 이런 경향은 조직의 규모, 내부 경쟁의 강도, 산업과 직종 등에 따라 그 편차는 심하다.

온정이 나쁘다고 이야기할 필요는 없다. 그러나 이는 전적으로 개인적인 성향의 차원에서 온정적인 행동을 보여도 무방하다는 의미일 뿐이다. 실제로 조직에서 그런 모습을 보일 여지는 없다.

조직 문화가 온정적이어서는 안 된다. 그것은 두번째 가치가 될 수는 있지만 첫 번째 가치는 아니다. 조직에서 가장 우선되어야 할 가치는 공정성이다. 공정성을 훼손시키면서 온정적이어서는 안 된다. 조직에서 리더는 개인이 아니다. CEO가 되었든 팀장이 되었든 구체적인 현장에서 조직을 대변하는 사람일 뿐이다. 개인적으로 정이 넘치는 성격이라고 해서 조직의 리더라는 입장에서도 온정적이어서는 안 된다.

"성과를 기준으로 평가한다고 늘 말하지만 팀 내에 진급 대상자가 있으면 그 사람을 먼저 배려해야 하지 않느냐는 논리로 평가를 합니다. 그 와중에 불이익을 당하는 사람이 나타날 수밖에 없고 그 사람이 결국 떠나버리기도 합니다."

특정 기업에 국한된 이야기가 아니다. 한국의 대부분 조직에서 불공정한 평가는 불만의 소지가 된다. 평소 크고 작은 결정을 내리면서 일관된 원칙이 적용되지 않기 때문이다.

건설업계 D사의 사장은 '조직을 경영하면서 모든 일에 대해 어떻게 해야 클리어 컷clear cut인지를 판단하는 것이 너무 어렵다'고 토로했다. 원칙적으로 하고 싶지만 어디까지 선을 그어야 분명하게 원칙을 지키는 것인지 판단하기 어려워했다. 시간이 걸리더라도 전반적인 문화를 바꿔나가야 한다. 그러기 위해서는 온정적인 문화를 하나씩 벗겨내야 한다.

한국의 조직 문화에서 상대방 면전에 싫은 소리를 하기란 쉽지 않다. 더구나 매사 옳고 그름을 따지는 행동은 긍정적으로 평가받지도 못한다. 그러나 잘못한 것에 대해 명백히 짚지 않고 넘어가는 행동이야말로 온정적 문화에서 나오는 것이다. 조직 차원에서 잘못된 점을 분명히 지적하고 바로잡아야 한다.

포천 100대 기업의 선정자인 로버트 레버링Robert Levering 박사는 한국 기업이 직원들에게 제공하는 다양한 혜택에 대해 듣고 '이렇게 많은 것을 해 주는데도 왜 회사가 정말로 고맙다는 생각을 하지 않는지 이상하다'고 했다.

　　문화를 진단하다 보면 정말로 그런 인식이 드러난다. 직원들은 받을 것에 대해서는 아주 민감하지만 받은 것에 대해서는 그다지 고마워하지 않는다. 온정적인 문화의 가장 큰 폐해는 이렇게 '주고도 뺨 맞는' 결과를 낳는다는 것이다. 그 이유는 바로 조직이 각 직원들에게 공정하게 나눠 준다는 믿음을 주지 못하기 때문이다.

권한 위임의 문제와
권한을 제대로 쓰는 문제

•

누가 보더라도 쉽게 결정 내리기 어려운 사안도 있지만 현장에서 보는 모습은 윗사람의 눈치만 보면서 결정을 미루는 행태이다. 권한위임이 많이 이뤄져야 한다고 말하면서도, 위임받은 권한조차도 제대로 사용하지 못하는 조직 문화를 만나게 된다.

한 조사에 따르면 미국 대통령들이 가장 좋아한 영화는 「하이 눈High Noon」이라는 서부 활극이라고 한다. 프레드 진네만Fred Zinnemann이란 오스트리아 태생의 감독이 만든 작품이다. 게리 쿠퍼와 그레이스 켈리가 남녀 주인공이다. 이 영화를 지난 50년간 7명의 역대 대통령이 가장 즐겨 봤다고 한다. 특히 클린턴 전 대통령은 스무 번이나 감상했다고 한다.

내용을 간단히 소개하면 다음과 같다.

보안관 케인은 5년 전 악당들을 일망타진해 옥살이를 시켰다. 그 악당들이 수형 생활을 마치고 복수를 하기 위해 마을로 돌아오고 있다. 케인은 이미 보안관 임무를 마치고 신부와 함께 마차를 타고 마을을 떠나던 중 이 소식을 듣게 된다. 그는 악당들과 맞서기로 결심하고 마차를 돌렸다. 처음에는 세를 규합하려고 했지만 여의치 않았다. 후임 보안관은 자신을 추천하지 않았다는 이유로, 마을 사람들은 도무지 승산이 없다는 이런저런 이유로 오히려 케인에게 그냥 떠나달라고 간청한다. 케인은 외톨이가 되었다. 그럼에도 시계 바늘은 결전의 시각인 정오를 향해 재깍재깍 쉴 새 없이 돌아가고 있다. 그 후의 스토리는 충분히 짐작할 수 있으리라.

이 영화가 고독하게 결정을 내려야 하는 지위에 있는 사람에게는 위안이 될 법도 하다. 그래서 대통령들이 좋아했는지도 모른다. 대통령이 아니더라도 크고 작은 조직의 리더는 최종적인 의사결정의 책임에서 비켜갈 수 없다.

조직에서 직급이 올라가는 것은 의사결정의 역량을 키워나가는 과정이기도 하다. 팀장은 팀장으로서, 임원은 임원으로서, 사장은 사장으로서 책임지고 내려야 하는 결정이 있다. 직급이 올라갈수록 더 중요한 판단과 결정을 내리게 된다.

직원의 입장에서 결정을 미적거리는 리더는 최악이다. 빨리 처리해야 할 현안인데 리더가 판단을 유보하는 것이다. 물론 누가 보더라도 쉽게 결정 내리기 어려운 사안이 있을 수 있다. 하지만 현장에서 보는 모습은 윗사람의 눈치만 보면서 결정을 미루는 행태이다. 권한위임이 많이 이뤄져야 한다고 말하면서도 위임받은 권한조차도 제대로 사용하지 못하는 조직 문화를 만나게 된다.

어떤 팀장은 자신에게 위임된 일을 꼭 임원에게 사전에 보고하고 실행한다. 말로는 정보 공유 차원에서 설명하는 것이라고 하지만 실제로는 임원의 내락을 받아야 실행 과정에서 문제가 생겨도 적당히 무마될 수 있다고 여기는 것이다. 팀장 개인만을 비난할 문제는 아니다. 그런 팀장도 결국은 조직 문화에 적응되어 있을 뿐이다. 자세히 들여다보면 임원이 그렇게 해주길 바라는 경우도 많다.

"나도 알고는 있어야 사장이 물어보면 대답하지."

임원들 대다수가 밑에서 일어나는 일을 다 알아야 한다고 생각한다. 하지만 그렇게 되면 명확한 규정이 있어도 권한위임이 유명무실해지는 조직 문화가 되고 만다.

어느 특수강업체로부터 변화관리 제안을 의뢰받았다. 변화관리팀의 팀장과 팀원에게 기본적 구상을 설명했다. 팀장과 이야기가 잘 이뤄져 공동 작업으로 변화 활동 실행계획서를 만들어 제시했다.

"연초부터 사장님이 특별 지시한 내용이기 때문에 빠르게 진행될 겁니다."

팀장은 품의는 이미 끝난 것이나 마찬가지라며 앞으로 전개할 활동 일정을 조정하는 데 온 신경을 쏟고 있었다. 그러나 일주일쯤 지나자 팀장에게 연락이 왔다. 직속상관인 상무가 내용을 자세히 알아야 한다며 한 번 더 설명회를 해달라고 요구했다. 팀장의 요구대로 기본적 구상과 변화 활동 실행계획서를 다시 설명했다. 그런데 이것은 본격적인 설명회의 출발에 불과했다.

임원을 모시고 한 번, 임원과 인접 부서장을 모시고 한 번, 사장을 모시고 다시 한 번, 공장의 관련 부서장을 모시고 다시 한 번. 설명을 다 마치는 데 석 달이 걸렸다.

사장이 지시한 사항이라고 해서 팀장 혼자서 결정하고 실행하기는 쉽지 않다. 하지만 그 후 팀장은 여러 사람에게 설명하는 일 자체를 일종의 '전략'으로 여기는 것 같았다. 향후 실행 결과에 대한 책임을 공동의 것으로 만들려는 것이었다. 그렇게 한다고 해서 그가 면책될 것 같지는 않았지만, 이 회사에는 누구라도 의사결정을 그런 식으로 해야만 훗날 빠져나갈 구멍이 생긴다는 그릇된 조직 문화가 버티고 있었다. 경직된 조직 문화, 즉 권력 거리가 큰 조직 문화일수록 부하직원은 시키는 대로만 일한다. 시키는 대로 한 것인 만큼 나중의 결과는 시킨 사람의 책임이 된다. 잘못된 조직 문화는 권한위임의 규정을 무력화시킨다.

워크홀릭 vs 워크마니아

●

어느 회사에서든 일 잘한다고 평가받는 사람은 워크홀릭이 아니다. 워크홀릭은 오히려 일머리가 미숙하기 때문에 '일한 결과'로 승부를 보려고 하지 않고 '일터에 머물렀던 시간'을 가지고 자신을 드러내려고 한다. 조직에서도 동료들에게도 좋은 평가를 받지 못한다.

5월을 가정의 달이라고 특별히 정해놓은 것을 보면 사람들이 평상시에 가정을 잘 챙기지 않는가 보다. 요즘 세대는 1970~1980년대 개발경제 세대와는 인생 철학이 사뭇 다르다고 한다. 그러나 그들도 조직에 들어가면 지배문화에 동화되기 일쑤이다. 실제로 많은 기업에서 한 달에 한 번 '퇴근하자마자 집으로 돌아가는 날'을 정해놓고 귀가를 독려한다.

충남 서산의 공단 지역에 있는 H사의 공장에 간 적이 있다. 혁신 담당자와 미팅을 마치고 잠시 휴게실에 갔더니 여러 장의 포스터가 붙어 있었다. 앞서 미팅을 했던 회의실 벽면에도 붙어 있던 포스터였다. '술 좀 적당히 마시자'는 포스터는 음주 문화를 바꿔보려는 의도였다. 마치 기호순으로 붙은 선거 벽보처럼 한 장도 아닌 대여섯 장의 음주 문화 개선용 포스터가 줄지어 붙어 있었다.

"이 회사에는 술꾼들만 계시나요. 무슨 포스터가 전부 음주 문화 좀 바꾸자는 겁니까?"

웃으면서 한마디하자 담당자는 자신도 미처 몰랐다는 눈치였다.

"그러네요. 요즘은 많이 좋아졌지만, 아무래도 술자리가 잦고 차수가 이어지는 경향이 여전합니다. 새로 들어오는 사람들은 아주 싫어해요."

'홀릭holic'과 '마니아mania'란 뭔가에 푹 빠져 있다는 의미이다. 그중에서 홀릭이 문제다. 비정상적으로 어떤 것에 중독되었다는 뜻으로 해석된다. 워크홀릭(일 중독), 알코올홀릭(술 중독), 러브홀릭(사랑 중독) 등으로 쓰이는 것을 보면 부정적인 의미가 강하다.

H사 공장 사람들의 이야기를 들어보면 워크홀릭인 사람은 대체로 알코올홀릭이다. 그들은 늘 바쁘다고 한다. 그러나 정말로 일할 시간이 부족해서 그런 것은 아니다. 사실은 일하는 습관이 잘못 형성된 탓이 크다. 물론 구조조정 이후 모자란 일손 때문에 일부 부서에서는 휴일도 반납한 채 일해야 하기도 했다. 그러나 워크홀릭들은 남들이 보기에는 회사에서 의미 없이 시간을 죽이면서 바쁘다고 이야기하는 경우가 많다.

정신 집중이 필요하다는 이유로 일부러 늦게 남아서 업무를 처리한다. 워크홀릭들은 그러면서 스트레스를 받는다. 그렇게 습관이 들었기 때문에 대개는 인생을 즐기는 방법을 잘 모른다. 그저 선배들이 그랬던 것처럼 술 한잔하면서 스트레스를 푼다. 후배들을 끌고 가기 때문에 원성을 사지만 습관을 고치기가 어렵다. 귀가 시간은 점점 늦어지고 가끔 일찍 들어가도 가정에서의 위치가 어정쩡해지는 악순환이 이어진다.

어느 회사에서든 일 잘한다고 평가받는 사람은 워크홀릭이 아니다. 워크홀릭은 일머리가 미숙한 사람이다. '일한 결과'로 승부를 보려고 하지 않고 '일터에 머물렀던 시간'을 가지고 자신을 드러내려고 한다. 조직에서도 동료들에게도 좋은 평가를 듣지 못한다.

사실 한두 세대 올라가면 워크홀릭처럼 일하는 것을 당연하게 받아들이며 살아온 직장인들이 있다. 회사를 위해 가정은 늘 뒷전이었다. 밤새워 일하기도 하고 몇 달씩 걸리는 출장 명령에도 싫은 내색 하나 보이지 않았다. 술도 그렇다. '여기서 한 명 죽을 때까지!'를 외치며 독한 소주를 용감(?)하게 마셔댔다.

그런데 요즘은 세상이 변했다. 좋게 평가받는 사람은 워크홀릭이 아니라 '워크마니아'에 해당되는 사람들이다. 홀릭은 괄시받고 마니아가 대접받는 시대이기 때문이다.

최근 들어 많은 회사가 직원들에게 잘 쉬어야 집중해서 일한다며 자꾸 놀라고 권한다. 술을 마시는 것보다는 운동을 즐기라고 장려한다. 앞서가고자 하는 조직에서는 일과 가정의 균형work-life balance을 거론하는 것이 낯설지 않다.

"마니아란 어떤 분야에 대한 지식이 계속 축적되는 사람을 의미합니다. 요즘 자주 소개되는 메이저리그 마니아도 있지 않습니까. 그냥 좋아하는 수준을 넘어서 그 분야의 지식이 높은 부가가치를 낼 정도여야 합니다. 업무도 마찬가지이고요. 자기 분야를 아주 깊숙이 파고들어야 합니다."

어느 중견 건설회사 사장은 마니아에 대해 이렇게 말했다. 그는 자신의 경험에 비춰보면 부하직원이 아무리 많아도 누가 진정한 워크마니아인가는 금방 식별할 수 있다고 했다. 오늘날의 경영 환경은 워크홀릭이 아니라 워크마니아를 요구한다.

연고주의 근본 철학은 '우리까지 다 해 먹자'이다

●

연으로 맺어진 제3세계는 투명하지 못한 절차, 공정하지 못한 결정들을 만들어내는 진원지로 지탄의 대상이 되어왔다. 극약처방으로 동문회나 향우회 같은 사적인 모임을 금지한다고 아예 사규로 못 박아놓는 회사도 있다. 그렇지만 여전히 기업에서는 연을 따지는 문화가 존재한다.

대기업 기획실에 근무하는 K 과장의 하루 일과는 오전 6시에 시작된다. 전형적인 도시 샐러리맨으로 서울 인근의 32평짜리 아파트에서 아내와 두 자녀와 함께 산다.

"출근 버스를 놓치면 하루 일정이 완전히 흐트러집니다. 전날 술 마시는 것도 마음이 편하지 않습니다."

매일 아침 서두르지 않을 수 없다. 7시 30분쯤 회사에 도착하면 동료들과 몇 마디 나누며 하루 일과가 시작된다.

업무량은 그냥 잡생각 없이 하면 소화할 수 있는 분량이다. 업무의 영역은 잡다하면서도 넓다. 이런저런 기획서를 만들거나 수정하고 프린트해서 보고하고 또 보관해야 한다. 책상에 앉아서 보내는 시간도 많지만 다른 부서와의 업무 조율에 들어가는 시간도 만만치 않다. 어떤 날은 회의의 연속이다. 그렇게 업무 협의가 이어지면 하루가 눈 깜짝할 사이에 지나가버린다. 그래도 일에 숙달되었기 때문에 어렵지는 않다. 퇴근 시간은 18시이다. 그러나 이는 공식적으로 정해진 퇴근 시간일 뿐이다. 대개는 19시가 넘어야 회사 문을 나설 수 있다. 일주일에 한두 번 술자리가 있다. 업무와 관련해 꼭 필요한 자리에만 참석한다. 퇴근 후 곧장 집으로 가면 21시 전후가 된다. 식사하고 어영부영하다 보면 자신도 모르게 잠들게 된다.

그는 한눈팔지 않고 열심히 살았다고 자부하지만 저축은 없다고 했다. 교육비와 생활비에 다 들어가고 큰 보험에 가입할 여력도 없다고 했다. 가끔 혼자 '이렇게 지내면 임원까지는 승진할 수 있나'라고 되뇌어 보지만 힘든 바람이다. 조직 상황을 뻔히 알면서 그런 꿈을 꾸는 것이 현실적이지 않아 보인다. 큰 기대도 없고 큰 불만도 없는 생활이라고 했다. 가끔 무기력해지지만 적절히 관리하면서 남들처럼 살아간다고 했다.

K 과장의 제1세계는 가정이다. 가화만사성家和萬事成. 집안이 화목해야 모든 일이 잘 풀린다는 이야기는 살아볼수록 맞는 말이다. 집안에 문제가 생기면 출근해서도 하루종일 일에 집중이 안 된다. 가족 중에 한 명이 병이라도 걸리면 직장 생활에도 발목이 잡힌다. 그런데 요즘에는 가정의 화목이 적당히 해서 지켜지는 것이 아니라고 한다. 한마디로 가정의 화목을 잘 설계해야 한다는 것이다. 주말을 어떻게 보낼 것인지, 평소 다른 식구들에게 어떻게 관심을 쏟을 것인가를 충분히 고민해야 한다.

제2세계는 직장이다. 처자식을 데리고 시골에 내려갈 계획이라도 번듯하게 있다면 모르겠지만, 그렇지 않다면 직장에 충실하지 않을 수 없다. IMF와 글로벌 금융위기를 겪으면서 샐러리맨들이 뼛속까지 학습한 것이 있다. 직장이 무너지면 곧 가정도 무너진다는 것이다. 그래서 불만이 있어도 내색하지 않고 쥐 죽은 듯이 생활한다.

그런데 그 직장이란 곳이 사심 없이 열심히 일하기만 하면 얼마든지 믿고 의지할 만한 곳인가? 여기에 의문이 더해지기 시작했다. 정년은 갈수록 낮아지고 위로 올라갈 통로는 점점 좁아지고 있다. 모든 것이 능력 위주로 바뀌어가니 하루가 다르게 경쟁은 치열해진다. 언제 어떻게 될지 모르는 인생이기 때문에 더더욱 제3세계를 무시할 수 없다.

제3세계는 가정도 아니고 직장도 아닌 또 하나의 공간이다. 순수한 직장 동료 외에도 각종 연으로 얽힌 공간이다. 혈연, 지연, 학연, 그리고 최근에는 직연과 군연 등이 있다. 한국의 문화적인 특징 때문에 유별나게 연을 확인하고 관리해야 한다는 의식이 뿌리 깊은 것도 사실이다. 샐러리맨들은 대체로 하루 일과를 마치고 집으로 돌아가는 도중에 제3세계를 거치곤 한다. 과거의 연을 재확인하고 그 관계를 돈독히 하기 위해 주로 술자리를 갖는다. 요즘에는 직장 내 제3세계가 병존하는 조직이 너무도 많다. 중견 대기업인 W사 직원들을 인터뷰했을 때 나왔던 이야기도 제3세계 문화에 대한 하소연이었다.

"내가 부탁하면 안 된다고 잘라 말했었는데 다음날 옆자리의 과장이 이야기하니 결국 해결이 되는 겁니다. 도대체 이유가 뭘까 하고 며칠 동안 곰곰이 따져봤습니다. 하지만 누구는 동문이기 때문에 가능했다라고밖에는 달리 이유가 없었습니다. 이런 식의 의사결정이 비일비재하거든요. 이런 문제로 능력이 평가 절하되는 것이 너무 답답합니다."

심한 경우 조직의 수장이 자기 사람을 골라 기용하면서 일터를 사조직화하기도 한다. 그래서 현실적으로 연이 없는 사람에게는 고독과

좌절이 주어진다.

'어느 날 갑자기 회사에서 쫓겨나면 누가 소주라도 한 잔 사주겠어.'라는 푸념이 나오는 현실이니 일개 샐러리맨의 입장에서는 제3세계를 적극적으로 개발하고 이용하는 데 앞장서게 된다.

제3세계가 탄탄한 사람은 직장에서도 대인 관계가 좋고 어려운 과제도 잘 풀어내는 역량 있는 사람으로 간주된다. 하지만 그런 슈퍼맨은 사람들에게 희망이 아니라 체념을 안겨준다. 열심히 일하면 얼마든지 인정받고 성장할 수 있다는 희망은커녕 아무리 뛰어봐야 동네가 다르고 학교가 다르기 때문에 소용 없다는 체념을 안기는 것이다.

제3세계는 한국 문화의 뿌리깊은 연고주의를 상징한다. 연고주의는 한마디로 '우리끼리 다 해먹자'는 것이다. 조직 내에서든 조직 밖에서든 학연, 지연, 혈연 등 갖가지 연고를 다 따져 미래지향적이 아니라 과거회귀적으로, 개방된 네트워크가 아니라 폐쇄적인 네트워크로, 연이 닿는 사람들끼리만 독식하려는 문화의 단면이다. 그런 연고주의의 제3세계를 잘 관리하는 슈퍼맨은 과연 정의로운 슈퍼맨일까.

의도가 순수하다고
면책될 수는 없어

●

리더는 실무 경험이 많으니 부하직원보다 더 많은 것을 알 수 있다. 그러나 그런 경험이 '일을 그렇게 처리하면 안 되지' '너는 아직 멀었으니 내 말대로 이렇게 하란 말이야' 라는 식으로 표출되면 잘 나가던 조직에는 균열이 생긴다. 부하직원 은 점점 소극적으로 변할 수밖에 없다.

리더가 지나치게 오지랖이 넓으면 부작용이 만만치 않다. 우유부단한 것 이상이다. 세계적 전자업체인 L사의 연구소장도 그런 경우였다. 연구소는 캠퍼스를 연상시킬 정도로 실력 있는 연구원들이 포진해 있 었다. 연구개발이 아주 중요한 회사였기 때문에 연구소장이란 자리는 조직 안에서 핵심 보직이었다. 소장은 연구원들에게 거의 신과 같은 존재였다.

기업체 연구소라고 해서 중장기 과제가 전혀 없는 것은 아니었지 만 대부분의 연구 주제는 투자 회수 가능성에 따라 운명이 엇갈렸다. 연구소장이 '돈이 안 된다'고 판단하면 연구 과제는 하루아침에 날아 갔다. 연구 과제가 생명인 연구원에게 그 일은 곧 실업자가 된다는 의 미였다.

처음에 연구원들은 새로운 연구소장을 무척 반겼다. 힘깨나 쓰는 실력자가 부임했고 여러모로 방패막이가 되어줄 것이란 기대를 모았다. 실제로 일 욕심이 많은 신임 연구소장은 전임자에 비해 많은 연구 예산을 끌어왔고 보다 좋은 연구 환경을 제공하기 위해 노력했다. 그러나 시간이 지나면서 연구원들 사이에서 짜증 섞인 푸념이 나오기 시작했다.

"아니, 저 양반은 잠도 없나."

욕심이 많았던 연구소장은 부임한 지 불과 몇 개월 만에 150여 가지나 되는 연구 주제를 거의 섭렵했다. 정확히 이야기하면 자기에게 필요한 수준에서 이해했던 것이다. 연구소에서 진행 중인 연구 주제들에 대해 팀장들에게 계속 질문을 던지기 시작했다.

"윤 팀장, 자네 밑에 있는 김 박사가 진행하는 거 말이야. 실험 결과 나올 때 안 되었나."

사실 팀장도 바빴다. 수십 명이나 되는 연구원들의 연구 주제와 그 진행 상태를 모두 파악하기란 어려운 일이었다. 그래서 팀장을 보좌하는 선임 연구원을 둬 관리 업무를 분담시켜왔다. 그런데 갑자기 놀라운 기억력을 가진 연구소장이 나타나 이전까지는 몰라도 되었던 일을 팀장들에게 물어보기 시작한 것이다.

팀장들은 '그런 것을 어떻게 일일이 아는가' 싶었다. 하지만 연구소장이 꿰고 있는 사실을 태연하게 모른다고 말하기는 어려웠다. 한두 번이면 몰라도 '파악해서 보고하겠습니다'라는 대답을 계속 되풀이할 수도 없었다.

연구소장의 관심은 어느 순간부터 팀장들을 정신없이 바쁘게 만들었다. 파악해야 하는 업무가 배로 늘어났다. 덩달아 연구원들의 부담도 그만큼 커졌다. 팀장의 입장에서도 연구원들을 수시로 불러 진행 상황을 물어보지 않을 수 없었다. 팀장은 연구원들에게 특별 지시를 내렸다. 연구소장이 요구하면 언제든 보고할 수 있도록 '진행 상황을 문서화시켜 항상 발표할 수 있도록 준비하라'고.

연구소장의 의도는 순수했다. 조직을 끌어가는 사람으로서 항상 연구원들의 일에 관심을 갖는 것이 당연하다고 여겼다. 연구소장의 생각을 따라가보면 일단 연구원들은 고급 인재들이다. 대부분 박사이고 석사도 몇 있으니 실제로 어느 조직과 견줘도 학력에서는 뒤처지지 않는다. 그런데 기업은 학력이 아니라 성과를 가지고 말해야 하는 곳이다. 아무리 박사라고 해도 성과를 내지 못하면 인정을 받지 못했다. 성과도 대개는 재무적 성과이다. 연구의 속성상 성과를 확인하기까지 시간이 오래 걸린다. 그렇기 때문에 스트레스가 이만저만이 아니었다. 연구소장은 그런 연구원들에게 힘이 되어주고 싶었던 것이다.

그러나 의도가 순수하다고 모든 것이 면책되지는 않는다. 의도, 행동, 결과는 맥락적으로 부드럽게 흘러가야 한다. 연구소장은 자신의 행동이 팀장과 연구원들에게 엄청난 부담이 될 수 있다는 것을 내다보지 못했다. 연구소장의 다른 행동들을 종합해보면 정말로 순수한 의도만 있었던 것인지 의심이 드는 대목도 많았다.

조직에서 높은 자리에 오른 사람은 대체로 머리가 좋고 뭔가를 달성하려는 의지와 열정이 강하다. 그런 사람의 인식 중 하나는 '모든 것을 알고 있다'거나 '모든 것을 알아야 한다'는 것이다. 실무 경험이 많으니 부하직원보다 더 많은 것을 알 수 있다. 그러나 그런 경험이 '일을 그렇게 처리하면 안 되지' '너는 아직 멀었으니 내 말대로 이렇게 하란 말이야'라는 식으로 표출되면 조직에는 균열이 생긴다. 부하직원은 점점 소극적으로 변할 수밖에 없다.

리더는 생각을 바꿀 필요가 있다. 현장에서 일어나는 일은 현장의 직원이 누구보다도 가장 잘 알고 있다고 믿어야 한다. 간혹 일이 잘못될 수도 있고 연륜이 부족하여 기대만큼의 성과를 내지 못할 수도 있다. 그러나 생각이 바뀌지 않으면 부하직원이 성장할 수 없다.

모든 것을 알아야 한다는 생각, L사의 연구소장이 보여준 모습이 바로 그런 것이었다. 그는 자신의 언행이 조직에 미치는 영향을 곰곰이 따져보지 않았을 수도 있다. 지나가는 말로 가볍게 물어보았다고 생각할 수도 있지만 대답하는 사람에게는 결코 가볍지 않았다.

사장이 회의에서 뭔가를 알아보라고 임원에게 지시했다고 하자. 임원은 팀장에게 지시하고 팀장은 다시 과장에게 지시한다. 몇 년 전 S사의 김 과장이 맥이 풀려 하소연했던 것도 그런 상황이었다. 김 과장은 술이나 한잔하자며 전화를 걸었다. 회사 근처 술집에 앉아 사정 이야기를 하는 얼굴에는 지친 기색이 역력했다.

"윤 상무, 이게 무슨 이야기야."

사장의 한마디가 발단이었다. 윤 상무는 사장이 총애하는 고향 후배였다. 궁금한 것이 있어 후배에게 말 한마디 던진 정도였는지도 모른다. 하지만 윤 상무의 입장은 그게 아니었다. 회의에서 나온 윤 상무는 바로 부장을 불러 지시를 내렸다.

"이거, 무슨 이야기인지 파악해서 보고하세요. 사장님 특별 지시이니까 신경 좀 써서."

갑자기 일이 커졌다. 김 과장에게 공식적인 업무가 생긴 것이다. 그는 하루 종일 영문도 모르고 일에 매달렸다. 사장님 특별 지시라는 말에 점심 식사도 걸렀다. 빨리 처리해야 한다는 생각밖에 없었다. 그렇게 보고서를 만들어 부리나케 임원에게 제출했다. 그런데 임원은 사장이 외부 일정이 있어서 나갔고 돌아오지 않는다는 것을 벌써 알고 있었다. 사장은 단지 궁금해서 던진 한마디였지만 김 과장은 '돌 맞은 개구리'의 심정이었을 것이다. 리더가 지나치게 오지랖이 넓으면 조직을 힘들게 한다.

팀장은 창문 옆,
막내는 복사기 옆

●

실제 방문 여부를 떠나 물리적 환경 자체가 사장실 출입을 거북하게 만든다. 그래서 가급적 출입하지 않는 것이 좋다고 암시하는 것은 아닌지를 따져보아야 한다. 은행 문턱 높다고 하지만 직원들에게 사장실 문턱은 은행 문턱 못지않다고들 푸념하기 때문이다.

인간은 주변의 물리적 환경에 영향을 받는다. 예컨대 깨끗하게 관리되는 호텔 로비에서 침을 뱉는 사람은 거의 없다. 그러나 쓰레기 더미 위에서는 거침없이 침을 뱉고 별다른 죄책감도 느끼지 않는다.

과거 열린 경영의 일환으로 '오픈 도어open door' 정책을 실행하겠다는 기업들이 있었다. 지금은 모두 어떻게 되었는지 궁금하다. 사장실 문을 열어놓고 직원들이 자유롭게 드나들도록 해 열린 커뮤니케이션을 하겠다는 의미였다.

서울에 있는 P사도 그중의 하나였다. P사의 담당자는 사장실과 주요 임원실 문을 열어놓고 직원들이 언제든 찾아와서 의견을 제안하고 고충을 토로할 수 있게 했다고 설명했다. 사장님이 늘 '언로가 보장되어야 한다'고 강조했다고 자랑했다.

어느 날 조직 진단 결과를 들고 사장실을 방문할 기회가 있었다. 담당자에게 들은 바가 있어서 내심 사장실 구조가 어떤지 궁금했다.

실제로 확인한 P사 사장실은 여느 기업의 사장실과 별반 다르지 않았다. 바닥은 물론이고 소파, 책장, 장식장에는 윤기가 흐르고 사장 책상 위에는 모든 사무용품이 한 치의 흐트러짐도 없이 정돈되어 있었다. 얼핏 보기에도 누구나 쉽게 들어갈 수 있는 곳이 아니라는 느낌을 주었다. P사만 그런 것이 아니다. 지금까지 내가 본 CEO의 집무실은 대개 비슷했다.

회사가 고층 건물일 경우 사장실은 대체로 건물의 상층부에 있었다. 전망 좋은 층을 골라 먼저 배정했기 때문인 것으로 보였다. 공간적으로 여유가 있는 기업은 사장실을 인파가 북적거리지 않는 층에 배치시켰다. 사장실 안은 그냥 깨끗한 정도가 아니라 '지극히' 깨끗했다.

사장실 내부 모습이 덜 부담스러워진다고 해서 직원들이 당장 몰려들 리는 없다. 다른 여러 가지 요소들이 복합적으로 작용하는 문제이기 때문이다. 그러나 실제 방문 여부를 떠나 물리적 환경 자체가 사장실 출입을 거북하게 만들고 그래서 출입하지 않는 것이 좋다고 암시하는 것은 아닌지를 따져보아야 한다.

사장은 별도의 엘리베이터로 출입하고 별도의 식당에서 밥을 먹고 별도의 장소에 차를 대는 회사가 많다. 그런 조직의 사장이 직원들에게 아무리 가까워지자고 이야기해봐야 소용없다.

"우리 회사는 '쇼잉 showing'이 너무 많아요."

이렇게 이야기하는 직원이 한두 명이 아니었다. 쇼잉이란 남에게 보여주기 위해서 그럴듯하게 거짓으로 꾸며내는 방침이나 행위 같은 것이다. 대단한 것처럼 떠벌렸던 오픈 도어 정책이라는 것은 아무런 고민 없이 나왔다가 기어들어간 전형적인 '쇼잉'이 아니었나 싶다.

사무 공간 같은 조직 내부의 환경은 공유 가치나 CEO의 철학이 외형적으로 드러나는 대목이다. 한국의 일터는 너나 할 것 없이 위계적인 모습으로 획일화되어 있다.

P사의 직원들이 일하는 환경도 그랬다. 책상이 놓이는 순서에는 높고 낮음이 뚜렷해 부장의 책상은 일제히 창문 쪽으로 놓여 있었다. 처음 방문한 사람도 누가 고참 과장인지 바로 알 수 있었다. 부장 앞으로 고참 사원 순서대로 책상이 놓여 있으니 모르는 것이 이상했다. 막내 사원은 당연히 가장 멀찌감치 떨어져 앉아 있었다.

"팀제가 사실은 팀제가 아니지요. 팀제라면 팀장과 팀원의 관계만 존재하면 되는 것인데, 팀원이라고 다 똑같은 팀원이 아니잖아요. 예전하고 똑같은데 팀제면 뭐 하고 아니면 또 뭐 합니까."

한국의 팀제는 기형적인 팀제이다. 팀장이 있는 것까지는 좋은데 팀원은 다시 차장, 과장, 대리, 사원으로 나뉜다. 팀제는 조직 구조를 가급적 수평적으로 만들기 위한 전환이다. 계층을 줄여 환경 변화에 유연하게 대처할 수 있는 수평적인 문화로 나아가려는 선택이다. 그러나 책상 배치마저도 철저히 위계적인 것처럼 팀원이라고 해서 똑같은 팀원이 아니다. 사원은 여전히 팀장에게 다가가기 어렵다. 사원 팀원은 과장 팀원을 거치고 차장 팀원을 통해서 부장 팀장에게 의사 표현을 할 수 있다. 수평적인 구조로 전환한 것 같지만 여전히 위계적이다.

입사 후 10여 년을 이런 환경에서 지낸 사람에게 승진의 의미는 더 좋은 자리, 더 좋은 물리적 공간을 차지해가는 과정일 것이다. 지위가 올라가면서 회전의자, 머리받침이 딸린 의자, 서랍장이 하나 더 있는 책상, 창문 쪽의 자리, 소파가 놓인 방이 주어질 것이다.

"창원에서 생활할 때 옆 건물이 L사 공장이었습니다. 경비실 수위의 복장부터 다른 회사와 달랐습니다. 와이셔츠에 넥타이를 깔끔하게 맨 것이 마치 신사복을 입은 것 같더군요. 남들 보기에 좋은 것은 물론이고 수위의 얼굴 표정이나 인사하는 태도가 분명히 차이가 났습니다."

대구의 어느 섬유공장 기획실에 근무하는 배 과장은 작업복에 특히 불만이 많았다. 그래도 내부에서 회의실 분위기 같은 것을 바꿔보려고 노력하지만 어느 한두 가지 변화를 넘어서서 조직을 끌고 가는 사람의 철학이 아쉽다고 말했다.

최근에는 많은 기업에서 내부 공간을 개성 있게 꾸미고 있다는 이야기를 많이 듣는다. 화장실을 깨끗하게 하는 것은 물론이고 샤워실, 카페, 스포츠센터, 탁아소, 휴게실, 의료실, 상담실, 종교 시설, 마사지 시설을 두는 회사도 늘어나고 있다. 단순한 하드웨어적인 외관의 변화를 뛰어넘어 그 속에서 일하는 사람들간의 문화가 수평적으로 전환된다면 더할 나위가 없을 것이다.

공장의 일상도 속앓이가 심하다

●

공장으로 내려가면 서울에서 생각하는 것과는 일터 문화가 사뭇 다르다. 생활 여건이 고립무원의 섬 같은 곳도 있다. 딱히 변화를 거부하는 것 같지는 않으면서도 결과적으로 현실에 안주하려는 경향이 뿌리 깊다. 현장의 문화가 본사의 문화와 많이 다른 것은 틀림없는 사실이다.

어느 지방 공단에 있는 G사의 공장장을 만났다. 현장직 중에서도 리더급에 해당하는 사람들과 워크숍을 진행할 예정이었다. 우리는 공장장에게 워크숍의 취지를 이야기하고 조언을 듣고자 했다.

"일 년에 한 번씩 공장 설비를 대대적으로 보수하는 연차보수라는 게 있습니다. 제조업체에서는 뭐니 뭐니 해도 설비가 아주 중요한 자산이고, 일 년 내내 쉬지 않고 돌렸으니 제대로 한 번 손을 보는 거지요. 보름 정도 이어지는 기간에는 공장을 올 스톱시킨 상태에서 일반직 현장직 할 것 없이 다들 팔 걷어붙이고 평소 말썽을 부렸던 설비를 점검하고 수리합니다.

한번은 오후 다섯 시쯤 저녁 식사를 마치고 막 일을 다시 시작하던 시점이었습니다. 나이가 오십을 넘긴, 그래도 현장직에서는 리더라는 사람이 '김 과장, 간식 언제 줄 거야'라고 짜증을 내는 겁니다. 비록 직급은 과장이지만 연배로 치면 조카뻘이나 되는 엔지니어한테 간식 빨리 안 주냐고 투정이었습니다. 정신없이 오가던 김 과장은 한마디로 어안이 벙벙해질 수밖에요. 그냥 웃어넘길 수도 있는 이야기지만, 이 사람들은 신경 써서 접근해야 할 겁니다."

조직 문화를 담당하는 실무자들은 이들이 보다 열정적으로 자부심을 갖고 즐겁게 서로 협력하면서 일하도록 만들려고 하지만 정작 현장직에서 관심을 갖는 사항과는 거리가 있다. 그럼에도 불구하고 변화 노력을 하지 않을 수는 없다. 공장에는 현장직에 있는 사람들이 다수다. 그래서 그들의 사고와 행동이 변하지 않는다면 헛수고가 된다.

공장의 문화는 대부분 매우 남성적이다. 성비에서 남자가 압도적이니 당연하다고 볼 수 있다. 조선, 철강, 화학, 발전 등 중후장대형 공장에는 여자가 '가뭄에 콩 나듯이' 있다. 가전, 반도체, 통신, 부품 등을 생산하는 경박단소형 공장은 사정이 다르다. 여자가 많은 곳에서도 지배 문화는 남성적이다. 의사결정이나 일 처리가 일방통행식이며, 상대방을 지배하고 통제하려는 성향을 보인다. 때론 없는 서열을 만들어낸다.

남자들에게 군 생활은 인생에 큰 영향을 미친다. 부모 슬하를 벗어나 본격적으로 사회를 맛보는 20대 초반에 경험한 것이기 때문이다. 그 같은 경험의 공유는 당연히 비슷한 문화를 만들어낸다. 현장의 근무복, 안전모, 안전화는 전투복, 전투모, 전투화를 연상시킨다. 군대적인 문화는 일하는 방식과 사람 사이의 관계에서 유연성을 떨어뜨린다. 현장은 작업 지시가 내려지면 그것을 정해진 시간 안에 완수해야 하는 곳이다. 안전사고가 발생하면 피해가 크기 때문에 규율이 강조될 수밖에 없다. 창의적으로 일하는 것보다는 시키는 대로 일할 것을 요구받아왔다.

보는 얼굴도 매일 그 얼굴이다. 공장에서는 1년 365일 작업을 멈

추지 않기 때문에 현장직은 대개 교대 근무를 한다. 밤 근무를 하게 되면 같은 조원 이외에 만날 사람이 거의 없다. 교대 조가 바뀌기는 하지만, 자신이 일하는 공정은 거의 변하지 않는다. 한번 맺어진 인연이 평생을 가기도 한다.

울산, 거제, 여천, 서산 등의 공단 지역에 가면 모든 것을 압도하는 '기계 덩어리'를 보면서 섬뜩한 느낌을 받곤 했다. 월드컵 경기장만한 공장들이 줄지어 있다. 공장과 공장을 오가는 사람들은 한없이 작아 보인다. 하얀 수증기가 굴뚝과 공장 사이에서 뿜어져 나오고 쇳덩어리가 부딪치는 소리가 쉴 새 없이 귀를 자극한다. 공장은 사람이 삭막해지기 쉬운 곳이다.

"제가 현장에서 기계밥 먹은 것만 벌써 30년입니다. 이제 한 3년 남았어요. 지금 이 나이에 뭐 대단한 리더라고 후배들 앞에 나서는 것도 싫고 그저 사고 없이 조용히 일하다가 나가고 싶습니다."

한 현장직 고참의 말이다. 이 이야기를 한 개인의 입장에서 봤을 때는 전혀 이상할 것이 없다. 비전, 열정, 창의 등이 중요하다는 건 알지만, 손바닥에 굳은살 박인 현장직 고참에게는 호소력이 없다. 성과급 말고는 관심을 두지 않을 것이다. 이 같은 정서는 현장 문화의 형성에 큰 영향을 준다.

"저도 나이가 마흔인데 답답하지요. 아직도 고참들은 줄줄이 대기 중이고 한 10년 지나야 조장이나 한 번 해볼까 말까 합니다. 구조적인 문제니까 어쩔 수 없다고 칩시다. 아무리 후배라지만 상대방의 의견이 맞다면 받아들여야 하는데 만날 하던 방식만 고집하니까 밑에서 일할 맛이 나겠습니까."

나이를 보면 도무지 조원으로 어울리지 않지만, 현장의 조원은 또 그 나름의 불만이 그치질 않는다. 10년 넘게 한솥밥을 먹다 보면 '이혼 직전의 부부'처럼 늘 티격태격하게 된다.

"내가 기대했던 것과는 너무 다릅니다. 이렇게 생활하는 것이 정말 맞는 것인지 하루에도 몇 번씩 고민하게 됩니다. 서울에서 직장 생활하는 친구들과 자꾸 비교하게 되고 몇 년 지나면 영원히 도태될 것 같은 느낌입니다."

대학 졸업 후 2년 되었다는 젊은 엔지니어에게도 공장 생활은 고민이다. 공장은 모든 정책이 현장직 위주로 돌아가기 때문에 엔지니어의 존재감이 적다. 현장의 문화는 책상에 앉아 고민하는 것으로 해결하기에는 아주 넘기 힘든 산이다.

자부심은 어떻게 만들어지는가

●

리더는 부하직원의 업무를 가치 있게 해석하고 인정하는 모습을 보여야 한다. 그
래야 부하직원은 설령 사회적으로 낮은 평가를 받는 일을 한다 해도 그것을 성실
히 수행할 의지를 갖게 된다.

꽤 오래 전 K사 기획실 직원과 이야기를 나누던 중 밥 먹는 고민이 화
제가 된 적이 있다. 종종 오전에 처리해야 할 업무를 마무리하느라 사
내 식당에 늦게 갈 때가 있는데, 식당에서 배식하는 아주머니가 '배식
시간 다 끝나가는데 오느냐'면서 핀잔을 준다는 것이었다.

"열심히 일하고 눈칫밥이나 얻어먹고 이래저래 피곤합니다."

식당 아주머니는 일찍 일을 끝낸 뒤 쉬고 싶기 때문에 마감 시간에
들이닥친 직원이 싫었을 법도 하다. 과거에는 회사가 직접 사람을 채
용해 사내 식당을 운영하는 경우가 많았다. 그러나 최근에는 외부 업
체에 식당 사업을 아웃소싱하는 경우가 많고 식당의 서비스도 좋아졌
다는 평을 듣는다. 이런 식당 아주머니가 자기 일에 자부심을 가지고
열정적으로 일하도록 하기는 쉽지 않다. 현실적으로 사회의 평가가
그리 높지 않은 일을 하는 사람에게 무조건 자기 일에 자부심을 가지
라고 강조하는 것은 소용이 없다.

컨설팅 회사 대표인 오 사장은 이런 이야기를 했다. 한동안 인천의

T사를 드나들었는데 정문을 지나려고 하면 수위가 험악한 인상으로 군기를 잡으려 든다는 것이었다.

"어떻게 오셨습니까? 약속은 하셨습니까? 명함 한 장 주시고 여기 방명록을 작성해주십시오."

그곳에 방문한 지 여러 번 되었는데도 마찬가지였다. 여전히 의례적인 질문과 요구가 이어졌다. '약속을 했으니까 오지 내가 뭐 때문에 옵니까'라고 쏘아붙이고 싶은 마음이 치밀었지만 참을 수밖에 없었다.

"한번은 주차장에 차를 대려고 하는데 갑자기 호루라기를 불면서 '거기에 주차하면 안 됩니다. 안쪽에 하세요'라고 소리를 치더라고요. 규정이 그런 모양이라고 생각하고 걸어나오다 보니 다른 사람에게 그 자리에 주차하라고 시키고 있지 뭡니까."

그곳은 자기와 소원한 사람은 주차해선 안 되고 자기와 친한 사람은 주차해도 되는 자리였던 셈이다. 오 사장은 결국 자신이 무시당하고 있다는 생각이 들었다고 했다. 프로젝트를 마치면서 T사의 담당자에게 그 이야기를 들려줬지만 담당자는 대수롭지 않은 농담 정도로 받아들였다고 한다.

식당 아주머니 혹은 수위는 어떤 일을 하는 사람인가. 어떤 일이든 불필요한 일을 하고 있지는 않을 것이다. 조직 내부의 직무는 모두 필요에 의해서 생겨난 것이다. 직무를 어떻게 해석하고 어떤 가치를 부여하는가에 따라 그것을 수행하는 사람의 행동은 달라질 수 있다. 리더는 부하직원의 업무를 가치 있게 해석하고 인정하는 모습을 보여야 한다. 그래야 부하직원은 설령 사회적으로 낮은 평가를 받는 일을 한다 해도 그것을 성실히 수행할 의지를 갖게 된다.

식당 아주머니는 단지 그저 밥과 반찬을 나눠주는 사람이 아니다. 궁극적으로 직원들이 맛있게 식사함으로써 오후 업무를 수행하는 데 문제가 없도록 해주는 사람이다. 식당 직원이 스스로의 업무에 대해 이렇게 생각한다면 식사 시간에 조금 늦었다고 타박하는 일은 없을 것이다. 마찬가지로 수위도 단순히 검문 검색하는 사람이 아니다. 회사를 찾아온 손님이 불편을 느끼지 않고 일을 처리하고 돌아갈 수 있도록 도와주는 사람이다. 자신이 회사의 얼굴이라는 자부심을 가지고 손님을 친절하게 맞이하고 일하기 위해서는 이 같은 직무 인식과 가치 해석이 전제되어야 한다.

그런데 아쉬운 것은 수없이 많은 인터뷰를 해봤지만 직급의 높고 낮음을 불문하고 자신의 직무를 가치 중심적으로 해석하는 사람을 만나보지 못했다는 점이다. 자꾸 인정을 해주고 열심히 하도록 북돋아줘도 어려운 일인데, 주변에서 하찮은 일 정도로 인식하고 그렇게 취급하니까 당사자가 자부심을 갖기는 더더욱 어려운 것이다.

포천 100대 기업의 선정자인 레버링은 다음과 같이 말했다.

"현장을 다녀보면 자신을 허드렛일이나 하는 사람이라고 말하는 경우를 많이 보게 됩니다. 잘 살펴보면 대부분은 리더가 직무 해석을 그렇게 하고 있기 때문입니다."

무료한 반복과
즐거운 반복의 차이

•

판사는 판결문을 쓰면서, 의사는 수술을 하면서, 교수는 학생들을 가르치는 일을 반복하면서 지겨워한다. 반복이 주는 무료함에 대한 대처는 업무를 바꾸는 것이 아니라 업무의 가치를 다시 한 번 인식하고 업무 수행의 목적의식을 명확히 하는 것이다.

조직 문화를 진단하면서 '왜 직장 생활이 재미가 없습니까?'라고 질문했을 때 가장 많은 답변은 '매일 반복되는 것이 지겹다'는 것이었다. 고학력자들도 주로 '항상 제자리걸음인 것 같고 성장했다는 느낌을 받지 못한다'고 말했다. 한마디로 반복에 따른 무료함과 성장하지 못한다는 초조함이 직장 생활의 재미를 앗아간다는 것이다.

각종 금융 정보를 제공하는 어느 인터넷 업체에서 있었던 일이다. 입사한 지 얼마 되지 않은 여직원은 컴퓨터 단말기에 외국 금융시장의 각종 데이터를 입력하는 업무를 맡았다. 미국의 다우존스 지수, 원-달러 환율, 국제유가 시세 같은 것이었다. 다른 사람을 지원하는 업무도 많았다. 하지만 데이터 입력 자체는 하루에 5~10분 정도만 할애하면 할 수 있었기 때문에 그다지 부담되는 일은 아니었다. 문제는 외국시장의 금융 데이터를 경쟁회사보다 가급적 빨리 제공해야 한다는 것이었다. 정보가 확정되자마자 곧바로 입력하지 않으면 경쟁회사에 뒤처지게 되고, 그렇게 되면 금융 데이터는 더 이상 쓸모없는 것이 되어버렸다. 결과적으로 여직원의 업무는 짧은 시간이지만 높은 집중도가 요구되었다.

외국의 금융 데이터는 이 회사가 제공하는 여러 가지 정보 중에서 꽤 중요한 부분을 차지했다. 은행이나 보험사 등의 국내 기관투자가들에게 전송됐다. 또한 개인투자자들은 이 회사의 인터넷 홈페이지에 접속해 정보를 얻어갔다. 투자를 결정하면서 중요한 참고 지표로 삼는 자료들이었다.

처음에는 여직원도 새로운 일을 아주 신중하게 처리했다. 처음 하는 일이라 신경 써서 틀리지 않게 입력하려고 노력했다. 업무에 능숙해진 뒤로는 마치 전자계산기를 다루듯 일사천리로 업무를 처리했다.

문제는 업무에 익숙해지고 나서였다. 한두 번씩 데이터를 잘못 입력하는 실수를 하곤 했다. 환율이 내린 것을 올랐다고, 오른 것을 내렸다고 입력하기도 했다. 또 등락 폭의 수치도 잘못 입력하기도 했다.

어찌 보면 아주 사소한 실수였지만 문제는 간단하지 않았다. 투자하는 사람들은 그 데이터에 의존해서 하루에도 수십 차례 적지 않은 금액을 배팅하고 있었다. 게다가 돈의 규모를 떠나 투자의 참고 정보가 정확하지 않다는 것은 이 회사가 제공하는 금융 데이터의 신뢰도를 떨어뜨리는 치명적인 결함이었다.

팀장은 여직원을 불러 실수를 지적하고 조용히 주의를 주었다. 그 뒤 한동안 나아지는가 싶었지만 실수는 거듭되었다. 고민에 빠진 팀장은 여직원이 일하는 모습을 자세히 관찰해 보았다. 그 여직원은 옆 사람과 잡담을 하거나 노래를 들으면서 데이터를 입력하고 있었다. 여직원에게는 그 데이터가 그저 매일매일 입력해야 하는 단순한 숫자 이상의 어떤 의미도 없었다. 팀장은 여직원을 다시 불렀다.

"왜 데이터를 입력하는지 알고 있어요?"

여직원은 팀장이 시켜서 일을 하고 있을 뿐이었다. 자신의 업무에 어떤 의미가 있는지를 이해하지 못했다. 팀장은 왜 숫자가 중요한지, 그것이 왜 정확하고 빨라야 하는지를 자세히 설명했다. 비록 단순해 보이는 업무이지만 데이터를 입력하는 짧은 시간에는 최대한 집중하여 실수가 없어야 한다는 것을 주지시켰다. 이후 여직원의 입력 실수는 크게 개선되었다.

사실 반복은 모든 업무의 속성이다. 반복이 주는 무료함을 근본적으로 없애는 것은 불가능하다. 사회적으로 부러움의 대상이 되는 직업에도 반복적인 업무의 특성은 있다. 판사는 판결문을 쓰면서, 의사는 수술을 하면서, 교수는 학생들을 가르치는 일을 반복하면서 지겨워한다. 반복이 주는 무료함에 대한 대처는 업무를 바꾸는 것이 아니라 업무의 가치를 다시 한 번 인식하고 업무 수행의 목적의식을 명확히 하는 것이다.

중견기업인 K사는 아침 출근 후에 하루를 시작하는 '5분 명상'이란 활동을 실행한 적이 있다. 명상의 주제는 차분한 성찰을 요하는 '왜 지금 이 자리에 있는가'와 같은 내용이었다. 직원들은 처음에는 왜 이런 활동을 하는지 의아해했다. 그러나 떠오른 생각을 하루하루 기록하면서 사람들의 반응은 달라졌다고 한다. 누군가가 말해주는 것이 아니라 자기 스스로 하루를 어떻게 보내야 할지를 마음속에서 정리하게 된 것이다. 성과는 기대 이상이었다.

'복중견타'식 관리의 결과

●

구천은 오나라에게 빼앗긴 땅을 되찾기 위해 군사를 일으켰다. 며칠 동안 강행군을 하면서 크고 작은 전투를 벌였다. 군사들은 지칠 대로 지쳤다. 그때 지방의 한 호족이 구천에게 '피로라도 푸시라'며 술 한 병을 가져왔다. 참모들과 입가심하기에도 부족한 술이었다. 이때 구천은 술을 강에 뿌려 군사들과 다 함께 강물을 나눠 마셨다고 한다.

대기업 공장 문화에서 이해하기 어려운 모습 중의 하나는 의견 수렴 메커니즘이다. 보통 부하직원의 건의나 요구 사항은 중간 허리를 거쳐 부서장에게 올라간다. 그러나 생산직의 경우는 그렇지 않아서 거꾸로 팀장에게 내려가기도 한다. 최근 변화 활동에 관여했던 A사 공장의 경우도 그러했다.

"팀장인 나한테 이야기해야 하는데 그러지 않습니다. 노조에 가서 이야기해야만 회사가 들어준다는 인식을 갖고 있습니다. 실제로 노조를 통해서 요구가 들어가면 공장장에게 보고되고 저한테 떨어집니다. 권위고 뭐고 없는 거지요. 요즘은 예전과 많이 다르다고 아무리 이야기해줘도 쉽게 바뀌지 않습니다."

생산팀장은 이렇게 말했다. 제조공장에는 각 공정에서 일하는 생산직이 있다. 경력이 오래된 고참 중에서 반장이나 조장을 정한다. 반장이나 조장은 생산직과 팀장을 연결하는 매개 역할을 한다. 반은 관리직인 셈이다. 팀장과 협의하여 생산직에 있는 사람들에게 작업 지시를 내리거나 회사의 방침을 전달하기 때문에 생산 현장의 건의나 요구 사항도 반장이나 조장을 통해서 수렴되어야 한다.

하지만 노동조합의 위상이 강한 기업에서는 그렇지 않다. 생산직의 요구 사항은 노조 대의원에게 전해지고 노조 대의원은 노동조합 사무실로 찾아간다. 상근자들은 요구 사항을 접수받고 그것을 공식적인 의제로 혹은 공식적인 의제에 끼워넣어 관리부서에 이야기한다. 결국 이렇게 공장장에게 보고되고 거꾸로 팀장에게 조치를 취하라는 지시가 내려가는 것이다.

"요구 사항도 '더우니까 선풍기 하나 더 사달라' '현장에 먼지가 많으니까 공기청정기 해달라' 이런 겁니다. 같은 생산직에 있는 사람들끼리도 눈살을 찌푸리는 개인적인 요구도 많고요."

생산팀장은 이 문제를 아주 못마땅하게 생각하고 있었다. 이런 행태를 바꿔보려고 노력했지만 지금은 거의 포기했다고 말했다. 노동조합이 있는 현장의 문화가 모두 그렇지는 않을 것이다. 그런데 사정이 이렇게 된 배경 설명을 듣고 나니 이해가 됐다.

"과거 부장들은 감히 생산직 사람들이 말도 못 붙일 만큼 무서웠습니다. 공장장은 하늘이었고요. 그렇게 어깨에 힘주고 인상을 험악하게 써야 공장이 잘 돌아간다고 생각했는지 모르겠지만, 우리 선배들이 솔직히 그랬습니다. 그러다가 여기저기 노조가 생겨나니까 문제가 있으면 그쪽으로 달려가는 것이 관행처럼 굳어져 버렸습니다. 노조 대의원 중에는 자신의 역할을 확인시켜 주기 위해 한두 사람의 단순한 요구 사항까지 노조에 전달하는 경우도 생겨났고요."

A사 공장장은 과거 선배들의 권위적인 리더십 행동이 결국 잘못

된 의견수렴의 문화가 굳어지도록 만들었다고 진단했다. 요즘 회사는 팀장들에게 권위적으로 부하직원을 관리해서는 안 된다고 강조한다. 그러나 보고 배운 것이 그렇기 때문에 여전히 변하지 않는 사람도 많다고 했다.

복중견타법伏中犬打法이라고, 과거 군대에서는 정말 '복날에 개 패듯이' 사람을 때렸다. 요즘은 골프장에서 헛스윙 하는 사람을 놀리려고 이렇게 말한다. 아무튼 군대 문화의 잔재인지 군기를 바짝 들게 해야만 조직이 잘 굴러간다고 생각하는 외골수 관리자들을 요즘도 간간히 만날 수 있다.

장작더미 위에 누워 곰쓸개를 입에 문다는 뜻의 고사성어 와신상담臥薪嘗膽의 주인공은 구천이다. 구천은 오나라에게 빼앗긴 땅을 되찾기 위해 군사를 일으켰다. 며칠 동안 강행군을 하면서 크고 작은 전투를 벌였다. 군사들은 지칠 대로 지쳤다. 그때 지방의 한 호족이 구천에게 '피로라도 푸시라'며 술 한 병을 가져왔다. 참모들과 입가심하기에도 부족한 술이었다. 이때 구천은 술을 강에 뿌려 군사들과 다 함께 강물을 나눠 마셨다고 한다.

진정한 동고동락同苦同樂은 이런 경우를 두고 하는 말이다. 남을 이끌려면 최소한 소중하게 대하는 것은 가장 기본적인 자세다.

일을 잘해도 걱정,
일을 못하면 더 걱정

●

정당한 실수에 대해 책임을 묻지 않겠다고 했지만 그것은 어디까지나 방침이었다. 윗사람의 평가가 그렇지 않으니 아무리 정책이 바뀌어도 자발성은 사라지고 눈치 보기에 급급한 문화가 굳어져 버렸다. 사회 전체적으로도 점차 역동성, 자발성, 적극성 같은 것이 사라지는 경향을 보인다.

기업은 돈을 벌어 사업을 확장시키면서 지속적으로 성장해나간다. 직원들은 자발적 헌신과 열정을 보이면서 최상의 성과를 내야 한다. 그러나 자발적 헌신이니 열정이니 하는 말 자체가 사치스러워 보이는 곳도 있다. 직원들 간에 일이나 책임을 떠넘기고 자리보전에만 여념이 없는 회사가 있다. 어떻게 해서 이 지경까지 되었는지 놀라울 정도다.

CEO나 유명인사 중 일부는 도저히 상식적으로 이해되지 않는 행동을 보이는 사람도 있다. 역경을 딛고 성공했기 때문인지 모르지만 주변의 웬만한 사람은 인간 취급도 하지 않는 것이다.

"밤 10시까지 일하지 않으면 열심히 일하는 것이 아니랍니다. 가끔 가다 그렇다면 이해하겠지만 어떻게 한 달 내내 밤 10시까지 일해야 하냐고요."

교육 컨설팅 업체인 B사의 이야기이다. 사장은 개천에서 용 난 경우였다. 가난한 시골 출신으로 한국의 최고 대학을 졸업하고 미국 변호사가 된 입지전적 인물이다. 그런데 회사의 직원이 자주 바뀐다. 이런 사람은 자신의 경영 능력에서 문제의 원인을 찾지 않는다. 대체로 직원들이 게으르고 아무 고민 없이 일하는 것이 문제라고 주장한다. 권한을 줘 스스로 일하게 하기보다는 지시와 통제를 통해 조직의 목표를 달성하는 것을 당연시한다.

마른 수건을 쥐어짜듯 직원들을 계속 몰아붙인다. 직원들은 거의 탈진 상태가 된다. 그래서 어느 순간부터는 아무리 수건을 비틀어도 더 이상 물이 나오지 않는다. 직원들은 결국 회사를 떠나가거나 혹 남게 되어도 나부터 살자는 생각을 하게 된다. 사서 고생할 필요가 없다고 판단하며 절대 먼저 새로운 의견을 내지 않는다. 압박이나 질책을 피하기 위해 계속 변명거리를 찾는다.

중견기업인 P사는 이런 고압적인 조직 문화에서 직원들이 저지른 실수에 대해서도 가차 없이 처벌했다.

"무조건 실적은 내라고 쪼아대고 실수가 있으면 바로 문책이 뒤따르니 철저한 복지부동과 눈치 보기 문화가 되어버린 겁니다."

P사뿐만이 아니다. 많은 기업의 직원들이 농담 반 진담 반으로 '실수는 곧 죽음'이라고 말한다. 하지만 이런 사고로는 미래를 열지 못한다. 자연히 '실수가 더 장려되어야 한다. 안 그러면 누가 나서서 도전하려고 하겠느냐'는 이야기가 나왔다. 실제로 일부 그런 정책으로 전환한 대기업들도 있다. 정당한 실수에 대해서는 책임을 묻지 않겠다는 방침을 세우고 직원들에게 과감한 도전 정신을 요구했던 것이다.

그러나 문제는 간단하지 않다. 어떤 것이 정당한 실수인지 분명하지 않은 것이다. 거꾸로 이런 방침이 책임지지 않는 문화를 만들었다는 의견도 나왔다.

조직 문화는 한두 차례 정책을 선포하는 것으로 형성되는 것이 아님을 확인했을 뿐이다. 정당한 실수에 대해 책임을 묻지 않겠다고 했지만 그것은 어디까지나 방침이었다. 윗사람의 평가가 그렇지 않으니 아무리 정책이 바뀌어도 자발성은 사라지고 눈치 보기에 급급한 문화가 굳어져 버렸다.

사회 전체적으로도 점차 역동성, 자발성, 적극성 같은 것이 사라지는 경향을 보인다. 최근 금융기관에 갓 입사한 신입 직원 중 조합 중앙회에 중복 합격한 20여 명이 은행을 포기하고 떠나갔다. 그 이유는 조합 중앙회가 은행보다 더 편하기 때문이다.

통신 대기업인 L사의 한 부장은 '굳이 임원이 되는 것을 바라지도 않고, 그냥 정년만 늘어나면 좋겠다는 것이 요즘 부장들의 공통된 생각'이라고 말했다. 임원과 부장의 급여 차이가 크지도 않은데 임원이 되면 오히려 파리 목숨이 된다는 설명이었다. 실적 압박은 더 심해지고 여차하면 계약이 끝나버리는 신세가 싫다는 것이다.

그래서 언제부턴가 '너 임원 시킨다'거나 '그러다가 임원 되면 어떻게 하려고 아무 생각 없이 열심히 일만 하냐'는 이야기가 우스갯소리가 되었다고 한다. 실제 내가 컨설팅했던 어느 대기업은 20여 년 동안 일했던 임원에게 발표 2시간 전에 통보하고 내보내는 경우도 있었다.

임원을 시켜준다고 해도 달가워하지 않는 문화는 분명 잘못된 것이다. 공맹의 유가 사상에 익숙한 사람에게 한비자는 찔러도 피 한 방울 나올 것 같지 않은 냉혈한으로 비춰지곤 한다. 사실 그는 누구보다도 신뢰를 강조했다.

　　그러면서 리더는 신뢰 획득을 위해 '말한 사람에게는 말한 책임을 묻고 말하지 않은 사람에게는 말하지 않은 책임을 물어야 한다'고 주장했다. 한국의 기업문화는 이미 그런 수준에 와 있는지도 모른다. 일을 잘하든 못 하든 아주 피곤한 직장 생활이다.

회의는 다루는 의제가 중요하기 때문이기도 하지만 사실은 높은 분이 참석하기 때문에 중요해진다. 높은 분이 '이런 것까지 오늘 논의해야 해'라고 말하면, 바로 전까지 아주 중요했던 의제는 돌연 중요하지 않은 의제가 된다. 웬만큼 분위기 파악을 못하는 사람이 아니고는 토를 달지 않는다.

2장

팩트 사이에는 맥락이 있다

지금까지 일터 현장에 대해 관찰하고 진단한 여러 가지 문화적 현상들을 살펴봤다. 이 장에서는 문화 일반에 대한 포괄적인 이해를 시도하려고 한다. 동남아시아를 필드로 했던 지역 연구area study와 컨설팅 과정에서 축적한 비교문화적인 지식이 바탕이 되고 있다.

일터 현장의 구체적인 모습은 개별적으로 다룰 수 있는 성격의 것이 아니다. 각각은 서로 떼려야 뗄 수 없을 만큼 밀접한 연관성이 있다. 그 중심에는 특정 집단의 구성원들이 공유하는 '옳은 것' '바람직한 것' '당연한 것'에 관한 사고방식이 자리하고 있다. 이른바 규범과 가치이다. 문화 비교의 차원들에 입각하여 조직을 바라보면 공동체의 규범과 가치가 보다 선명해질 것이다. 또한 관찰과 진단된 현상들의 의미도 명쾌해질 것이다.

문화인류학 그리고 사회과학적인 많은 연구 성과를 보면 원래 인간에게는 적극적으로 선물을 교환하려는 성향이 있다는 추론을 하게 된다. 유전적 본성은 아니지만 문화적으로 학습되고 면면히 이어지는 집단유전자 같은 것을 떠올리게 한다. 사실 어떤 물건이 어떤 방식과 어떤 목적을 가지고 교환되는가는 시대와 문화에 따라 다르다. 원시 부족사회에서의 교역은 오늘날의 시장거래와는 전혀 다른 '선물 교환'의 성격을 띠고 있었다.

선물 교환에서 주고받는 것은 단순한 물건이 아닌 사람 사이의 영혼이다. 사람들은 크리스마스 카드를 받았을 때 카드 그 자체가 아니라 그 속에 담겨 있는 보낸 사람의 정성이나 애정을 중요하다고 느낀다.

또 한국의 전통적인 관혼상제에서 부조나 농번기 품앗이 관행 역시 선물 교환의 일종이다. 이러한 선물 교환은 일정 정도 자발적이지만 상당 부분은 의무적이다. 일방적인 희생이 아니라 상대의 자발성에 대해 호혜적으로 대응할 때 선물 교환은 문화가 될 수 있다.

조직과 개인 간에도 적극적인 선물 교환이 있어야 한다.

'늑대 소녀'는 늑대인가
사람인가

●

문화는 특정 집단에서 학습되고 공유되는 것이다. 신발을 신는 것은 유전되지 않지만 성장하면서 학습된다. 대다수 사람들에게 신발을 신는 것은 당연하다는 생각이 공유된다. 그 집단에는 신발 신는 문화가 형성된 것이며 맨발로 생활하는 집단과 문화적으로 구분된다.

조직 문화를 이야기하면서 기본적으로 문화의 개념을 짚어보지 않을 수 없다. 문화는 어떻게 정의되고 이해되는가. 사람들은 일단 문화라는 단어에 대해 낯설다는 느낌을 받지는 않는다. 아마도 일상적으로 사용하는 단어이기 때문이다. 그러나 문화가 어떤 것인가에 대해서 쉽게 대답하지 못한다.

　다양한 인종 집단의 문화 현상들을 추적하고 집단의 규범과 가치 체계를 탐구하는 일은 주로 인류학의 영역이다. 문화의 개념 정의를 처음으로 시도한 인류학자는 타일러E. B. Tyler이다. 1871년 대표작인 『원시문화Primitive Culture』에서 타일러는 '지식, 신앙, 예술, 법률, 도덕, 관습 그리고 사회 구성원으로서의 인간이 가진 모든 능력이나 관습을 포함하는 복합적 총체'로 문화를 정의했다. 린튼R. Linton의 문화는 '어떤 특정한 사회의 구성원들 사이에서 공유되거나 전승되는 지식과 태도 및 습관적인 행동 기반의 총체'이다. C. 클루크혼C.

Kluckhohn에게 문화는 '인간의 생활을 위해 역사적으로 창조된 설계로서 명확하든 명확하지 않든 합리적이든 합리적이지 않든 간에 어떤 주어진 기간에 인간의 잠재적인 행동 규범을 위해 존재하는 것'이다. 또 트롬페나스F. Trompenaars는 문화를 '사람들이 집단적으로 문제를 해결하거나 딜레마를 해소하기 위해 사용하는 방법'으로 이해했다. 이는 '경작한다'cultivate라는 동사와 어원을 같이하는 문화culture를 사람들이 자연을 상대하듯 일상생활의 다양한 문제에 대처하고 해결해 가는 양식으로 파악한 것이다.

사회과학에서는 문화와 사회 전반의 관계를 연구하면서 다양한 논쟁을 양산시켰다. 문화의 가치가 사회 발전을 이끄는 힘으로 인식되기도 했다. 또한 반대로 한 나라의 진보를 가로막는 장애물로 받아들여지기도 했다. 사회과학적인 논의는 대부분 토크빌A. Tocqueville의 영향을 받았다. 그는 유럽과는 너무도 다른 미국이라는 신대륙 사회를 탐방하면서 민주주의에 어울리는 문화 기반에 찬사를 보냈다.

막스 베버Max Weber는 자본주의의 발흥을 본질적으로 종교에 바탕을 둔 문화적 현상으로 파악했다. 그리고 조직 구성과 운영에 대해 관료주의라는 효율성 높은 모델을 체계화시켰다.

E. 밴필드E. Banfield는 남부 이탈리아에 횡행하는 가난과 권위주의의 실상마저도 문화에 기인하는 것으로 분석했다. E. T. 홀E.T. Hall, C. 기어츠C. Geertz, R. 베네딕트R. Benedict 등의 인류학자와 R. 피터슨R. Peterson, E. W. 사이드E. W. Said 등의 사회학자를 넘어서 문화에 대한 관심은 거의 모든 학문 영역으로 확대되었다.

특히 경영학에서는 조직의 효율성을 규명하고자 하는 노력 속에서 활발하게 조직 문화에 대한 연구가 진행되어 왔다. 한 조사에 따르

면 타일러가 문화의 개념을 정의한 이후 81년 동안 내려진 문화에 대
한 정의가 175개라고 한다.

  문화의 정의는 다양하다. 하지만 일반인들에게는 좀 낯설다. 어느
워크숍 참가자는 '모든 것이 다 문화인 셈이네요'라고 말했다. 그런
생각이 드는 것도 무리는 아니다. 특정 시기와 집단에서의 모든 것을
문화로 파악한다고 해서 잘못이라고 할 수는 없다. 그러나 '귀에 걸
면 귀걸이, 코에 걸면 코걸이' 식으로 모든 것을 문화와 결부시킨다면
문화결정론이 되어버린다. 문화결정론은 자유의지론과 함께 문화와
개인과의 관계에 대한 담론이다.

  서구의 철학적 전통은 개인의 자유 의지를 강조해왔다. 실제로 행
동하는 것은 개인이며 모든 문화적 요소들은 개인의 창조적·활동에
서 출발하는 것이다. 따라서 문화의 생성과 변화에 대한 책임 있는 주
체는 개인이라는 주장이 자유의지론의 입장이다.

  이에 비해 문화결정론은 문화가 자유 의지와는 무관하다고 주장
한다. 모든 개인은 태어나기 이전부터 존재하던 문화 속에서 성장하
고 그 문화에 의해 언어, 관습, 가치 등 모든 면이 결정된다. 문화는
사람들의 삶을 안전하고 지속적으로 만들어주는 고유한 법칙에 따라
성장하는 하나의 역동적인 체계일 뿐이라는 주장이다.

  사람들은 문화의 정의보다 문화의 속성을 이야기해주면 더 빨리

이해한다. 문화의 속성으로 가장 먼저 거론되는 것은 학습된다^{learned}는 점이다. 다시 말해 유전적으로 물려받는 것과 문화는 구별된다. 늑대 소녀의 이야기가 좋은 예다. 카말라^{Kamala}라는 여자아이가 인도 벵갈의 정글에서 발견된 것은 1920년이었다. 당시 추정 나이는 10세 전후였다. 이 여자아이는 태어난 뒤 알 수 없는 이유로 인간 세상과 동떨어져 늑대와 지냈다. 사람들이 처음 접근했을 때 카말라는 이빨을 드러내며 저항했다. 아이는 늑대처럼 손과 발을 써서 네 발로 걷고 뛰었으며 멀리서도 고기 냄새를 맡았다. 죽은 동물을 차지하기 위해 까마귀를 쫓아내기도 했다. 유전적으로는 사람이었지만 학습된 바로는 사람이 아니었다. 늑대 소녀를 사람으로 교화시키는 데는 8년이 걸렸다.

문화의 또 다른 속성은 문화가 특정 집단 안에서 공유된다^{shared}는 점이다. 그러니까 개인의 특별한 어떤 것은 문화가 아니라는 의미이다. 특정한 문화 요인은 개인에 의해 발명 혹은 발견되겠지만 시간이 지나면서 그 문화 요인은 집단 안에서 공유되게 마련이다. 공유 정도에는 차이가 있다. 어떤 요인은 강하게 공유될 것이고 어떤 요인은 느슨하게 공유될 것이다. 공유되는 수준의 변화는 곧 문화의 변화로 이어진다.

2010년 밴쿠버의 동계올림픽에서 한국의 젊은 선수들은 많은 메달을 땄다. 그런데 금메달을 따도 울지 않았다. 20~30년 전과는 판이하게 다른 모습이었다. 금메달이 확정되면 으레 감격의 눈물을 흘리곤 했는데 변했다.

고전 『흥부전』의 경우도 마찬가지이다. 과거 학교 교육을 통해 학습된 바로는 당연히 흥부가 착한 사람이었다. 그런데 어느 순간부터 흥부는 실속이 없는 무능력한 사람이고 놀부처럼 행동하는 것이 더 바람직하다는 주장이 늘어났다. 지금은 흥부와 놀부 중 어느 쪽이 옳은지 의견이 분분하다. 문화 요인이 공유되는 속도에도 차이가 있다. 예컨대 패션은 아주 빠르게 전파되지만 전문적인 지식은 상대적으로 느리게 전해진다.

다시 말해 문화는 특정 집단에서 학습되고 공유되는 것이다. 신발을 신는 것은 유전되지 않지만 성장하면서 학습된다. 대다수 사람들에게 신발을 신는 것은 당연하다는 생각이 공유된다. 그 집단에는 신발 신는 문화가 형성된 것이다. 맨발로 생활하는 집단과 문화적으로 구분된다.

실제 컨설팅 현장에서 보면 사람들이 혼동하는 것은 성격과 문화의 차이이다. 조직 문화의 변화를 위해서는 그 차이를 분명하게 인식할 필요가 있다. 성격은 개인에게 한정되는 것으로 유전되기도 하고 학습되기도 한다. 이에 비해 문화는 집단이란 범주에 한정되는 것으로 학습되는 것이다. 신발 신는 문화가 형성된 집단에서 한 개인이 발에 땀이 많이 난다는 이유로 맨발로 생활한다면 그것은 개인의 특성이다. 용인되는 수준에서 그 개성은 존중받겠지만 그럼에도 불구하고 그 개성에 기초한 행동이 집단의 평균적인 문화적 행동에서 벗어나 있는 것만큼은 분명하다. G. 홉스테드 G. Hofstede는 성격 문화에 인간성을 더해 사람이 가지고 있는 정신 프로그램으로 설명한다. 인간성은 두려움, 기쁨, 사랑과 같이 느낄 수 있는 능력, 다른 사람과 어울리려는 욕구, 놀이를 하고 운동하려는 욕구 같은 것이다. 사람이라면 누구나 가지고 있는 보편적인 것이다.

중간관리자 중에는 '부하직원들에게 그렇게 버럭 화내지 마세요'

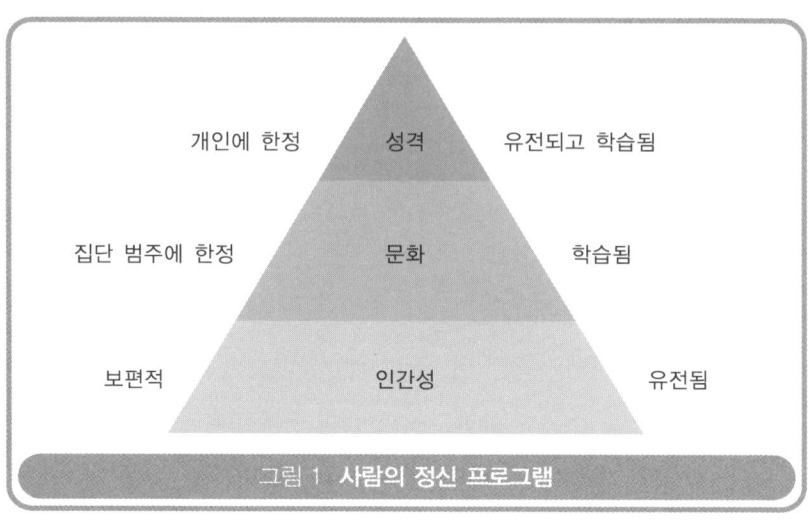

개인에 한정	성격	유전되고 학습됨
집단 범주에 한정	문화	학습됨
보편적	인간성	유전됨

그림 1 **사람의 정신 프로그램**

라고 말하면 반감을 드러내는 경우가 있다. 그들은 '20년 동안 몸에 밴 나만의 스타일이나 개성이라는 것이 있는데'라고 말한다.

"슬픈 드라마를 보면 눈물이 나는 사람이 있습니다. 한국 사람들은 대개 눈물이 많습니다. 그러나 어떤 사람은 똑같은 드라마를 보면서 그냥 웃어넘기기도 합니다. 그런 것은 각자의 성격입니다.

우리가 다뤄야 하는 것은 문화 행동이며 조직 내의 상호 관계를 문화적으로 관리하자는 것입니다. 문화적으로 학습된 행동은 '남자는 눈물을 보이지 않는다'는 것입니다. 특히 드라마 같은 것을 보면서 사람들 앞에서 눈물을 보이는 것은 문화적으로 벗어난 행동이기 때문에 남자들은 대개 남몰래 눈물을 닦습니다. 내 성격이니까 운다고 하면 그것을 대놓고 뭐라고 하는 사람은 없을지 몰라도 뒤에서 비웃을 수도 있습니다.

마찬가지로 화가 난다고 버럭 화를 내는 것이 문화적 행동은 아님니다. 개인적으로 화가 났을 때 그 감정의 상태를 드러내는 조직적으로 공유된 행동 양식을 만들어가는 것이 문화의 개발입니다."

사람들은 설명을 해주면 대체로 수긍한다. 하지만 그렇다고 바로 변화가 일어나지는 않는다. 습관이 굳어져 있기 때문이다. 조직 문화 개발을 위해서는 초반에 습관을 바꿀 수 있는 강한 노력이 필요하다.

문화는 추상적이지만 그 영향은 매우 구체적이며 일상적이다. 설이나 추석 명절이면 엄청난 교통 체증을 감수하면서도 고향에 내려가는 것, 동네 어른을 보면 고개 숙여 인사를 하는 것, 이런 구체적인 일상생활이 문화로부터 비롯된다.

그러나 우리는 문화의 영향을 일일이 의식하지 않으며 살아간다. 물고기가 물 밖으로 나갔을 때 물의 필요성을 감지하는 것처럼 특정 집단 속에서 일상을 살아가면서 그 집단의 고유한 문화적 양상을 인식하기는 어렵다.

우리의 영웅과 그들의 원흉은
같은 사람이다

●

내부적으로 공유되는 행동 규범, 조직이 역할 모델로 삼는 바람직한 행동이나 인물, 구성원 간의 화합을 보여주는 다양한 의식과 로고를 비롯한 여러 가지 상징들이 모여 문화를 이루는 것이다.

문화는 양파에 비유된다. 한 꺼풀 한 꺼풀 껍질을 벗겨내도 계속 알맹이가 나오는 속성이 문화와 비슷하기 때문이다.

많은 한국 사람들이 해외여행이 자유화되면서 외국 여행을 다녀왔다. 다른 나라, 그러니까 한국과는 전혀 다른 문화를 체험한 것이다. 돌아와서는 저마다 느꼈던 다른 문화에 대한 감상을 이야기한다. 해외여행의 체험은 양파의 겉껍질이라고 볼 수 있는 문화의 가장 표면층을 설명하는 데 매우 적절하다.

다른 문화를 접할 때 가장 먼저 다가오는 것은 언어다. 태국을 여행한다고 하면 방콕의 돈므앙 공항을 빠져나가면서 이방인으로서는 전혀 알아들을 수 없는 태국어를 듣게 된다. 외국어를 접하는 것만으로도 전혀 다른 문화 속에 있음을 실감할 수 있다. 이어 그곳 사람들의 손짓, 몸짓, 의상, 음식 등을 보면서 문화를 점차 체험하게 된다. 이렇게 어떤 문화 속으로 들어가 처음 접하고 쉽게 관찰할 수 있는 문

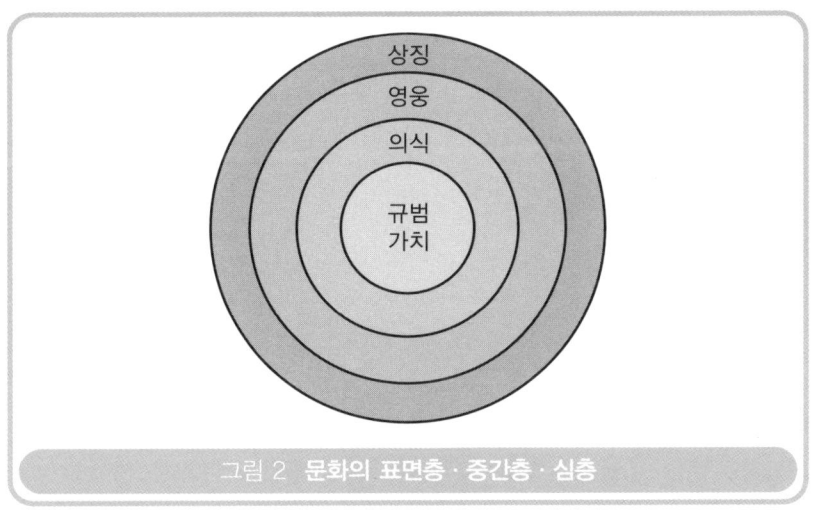

그림 2 **문화의 표면층 · 중간층 · 심층**

화 요소들을 일반적으로 상징symbol이라고 부른다. 일주일 남짓의 짧은 해외여행을 통해 이방인이 체험할 수 있는 것은 대부분 상징에 해당할 것이다.

　표면층을 벗겨낸 후 접하게 되는 중간층의 문화 요소는 영웅hero 혹은 의식ritual이라고 한다. 어떤 문화에서든 귀감이 되는 행동이나 그런 행동의 전형을 보이는 사람들이 있다. 한국인들은 대부분 이순신 장군이나 안중근 의사를 영웅으로 여긴다. 그들이 보여준 행동을 바람직한 행동의 모델로 삼는다. 그러나 문화가 다른 일본에서는 안중근 의사보다는 오히려 이토 히로부미가 개화기를 이끈 선각자로서 평가받을 것이다. 지구 항로를 찾아 대항해 시대를 연 마젤란은 용감한 탐험가로 칭송받기도 하지만 필리핀에서는 침략자 마젤란에게 죽음을 안긴 라푸라푸를 영웅으로 여긴다.

　영웅은 집단의 결속을 강화하기 위해 만들어지기도 한다. 필리핀 사람들에게 라푸라푸가 영웅으로 인식된 것이 역사 교과서가 생긴 이후라는 점은 의미심장하다. 구성원들에게 공유된 영웅의 존재는 강렬한 문화적 결속의 기반이다. 특정 문화의 영웅을 이해하기 위해서는 오랜 기간의 문화 체험을 요구한다. 의식 또한 마찬가지이다. 예를 들어 혼례식 전날 동네 총각들이 모여 신랑의 발바닥을 몽둥이로 사정없이 때리는 관행 같은 것이 의식이다. 물론 한국 사회에서 그런 행동을 더 이상 관행이라고 부르기 어렵다.

어떤 문화의 결혼 풍습, 장례 문화, 성인식 전통, 민속 명절에 행해지는 다양한 행사, 즉 의식의 의미는 일주일 남짓의 짧은 해외여행으로는 충분히 이해할 수 없다.

표면층과 중간층을 뚫고 들어간 뒤에 알 수 있는 심층의 문화 요소는 규범과 가치관norm and value이다. 표면층과 중간층의 명시적 문화 요소들과는 달리 심층의 문화 요소인 규범과 가치관은 암묵적인 경우가 많다.

규범과 가치관은 어떤 사회나 집단의 구성원이 공유하는 옳고 그름, 선악, 당연하고 당연하지 않음에 관한 사고와 행동 양식이다. 예컨대 우리는 전통적으로 노인을 공경해야 한다는 가치관을 공유하고 있다. 그에 따라 동네 노인을 만나면 먼저 허리 숙여 인사하는 행동 규범을 가지고 있다.

문화가 안정되어 있다는 것은 규범이 그 사회나 집단의 가치관을 반영하고 있다는 것이다. 그렇지 않다면 사회나 집단은 불안정해지고 내부 구성원 간에 긴장이 고조될 것이다. 요즘 지하철에서 자리를 양보하지 않는다며 노인과 젊은이가 티격태격하는 해프닝이 벌어지는 것은 우리 사회의 규범과 가치관이 헝클어진 상황에서 발생하는 내부

긴장의 한 양상이다.

　규범은 사람에게 의식적으로 또는 무의식적으로 따라야 한다는 의식을 심어준다. 이에 비해 가치관은 반드시 지켜져야 하는 사고와 행동이라는 도덕의 감정을 구성원에게 심어준다. 따라서 가치관은 여전히 유지되는 가운데서도 규범은 외부의 환경적 변화에 적응하기 위해 다른 형태로 변모되기도 한다. 예컨대 명절에 부모가 대도시에 거주하는 자녀를 찾아가는 역逆귀성 현상은 자녀가 고향의 부모를 찾아봐야 한다는 규범에서 변모한 것이다. 과도한 교통체증이란 외부 환경 변화에 대응하는 차원이다. 하지만 명절에 일가친척이 만나서 조상의 은덕을 기린다는 가치관까지 변화한 것은 아니다. 문화 요소 중에서 가치관은 가장 변화되기 어렵다고 한다. 사람은 태어나 사회화 과정을 겪으면서 10세 전후의 어린 나이에 그 사회의 문화적 가치를 대부분 학습하기 때문이다.

　문화를 형성하는 여러 가지 요소들을 표면층, 중간층, 심층으로 나눠서 이해하는 프레임은 일반적인 문화, 즉 특정 국가나 지역 혹은 민족의 문화를 비교하고 설명하는 데 적합하다.

　물론 조직 문화도 이 같은 층위를 기준으로 살펴볼 수 있다. 대부분의 기업 조직은 수익 창출 혹은 효율성 추구와 같은 태생적으로 부여되는 본질적 가치에 동일하게 지배된다. 사업 특성이나 조직 형태에 따라 달라지겠지만 창의와 열정 같은 시대적 가치에 엇비슷하게 노출된다.

　내부적으로 공유되는 행동 규범, 조직이 역할 모델로 삼는 바람직한 행동이나 인물, 구성원 간의 화합을 보여주는 다양한 의식과 로고를 비롯한 여러 가지 상징들이 모여 문화를 이루는 것이다.

문화는 비교를 통해서
파악되는 것

●

집단의 문화 비교를 위해서는 모든 문화에 보편적으로 존재하는 공통된 사고 행동 체계를 찾아내는 것이 중요하다. 그것이 곧 하나의 차원이 될 수 있다.

문화라고 하면 일반적으로는 국민 문화, 민족 문화, 혹은 특정 지역의 문화를 말한다. 예컨대 한국 문화와 미국 문화 식으로 표현되는 문화이다. 이런 관점에서 한국 문화는 동양 문화를, 미국 문화는 서구 문화를 대변한다고 볼 수도 있다.

그러나 그렇게 말하는 문화는 대부분 해당 국가 혹은 지역 사람들의 평균적인 사고와 행동의 양식을 의미하는 것일 뿐이다. 그 속에는 미묘한 차이를 보이는 다양한 하위문화sub culture가 존재한다. 여기서 말하는 하위가 우열의 개념은 아니다.

조직 문화를 이해하고 개선하기 위해서는 먼저 일반적인 문화, 높은 단계의 문화를 이해하고 그 프레임을 습득할 필요가 있다. 조직 문화는 그 조직의 구성원들이 속해 있는 국가, 민족, 지역 등의 더 높은 단계의 문화와 지속적으로 영향을 주고받는 관계이기 때문이다. 연구에 따르면 조직 구성원은 조직 문화의 영향보다는 국가, 민족, 문화의 영향을 더 강하게 받는다고 한다.

다시 말해 한국 직장인의 사고와 행동 양식은 조직 문화의 영향을 받아 변화한다. 하지만 그보다 영향력이 큰 것은 한국 문화다. 조직 문화를 고민하면서도 한국의 일반적인 문화적 경향성을 이해하면 개선 방안을 찾을 수 있다.

원칙적으로 각각의 문화는 그것을 구성하는 사람들이 사고하고 행동하는 양식을 전체적으로 파악해야 한다. 어떤 문화가 개인주의적이라는 것은 평균적으로 그렇다는 것이다. 따라서 개인주의적 경향이 강한 것일 뿐 모두가 매사에 개인주의적이라는 의미는 아니다. 어떤 집단의 평균적인 경향성을 구성원 모두가 그렇다고 인식하는 것은 전형적인 고정관념stereotype의 오류를 낳는다. 예컨대 일반적으로 다른 나라 사람들은 '일본인은 친절하다'고 생각한다. 그러나 일본에도 험상궂은 조직폭력배가 있고 특별한 이유 없이 외국인에 혐오감을 갖는 사람이 있다.

고정관념의 오류를 피하면서 어떤 문화를 제대로 이해하기 위해서는 비교적인 관점을 가져야 한다. 브라질 사람들이 볼 때 미국인들은 일중독자로 보이지만 정작 미국인들의 시각에서는 일본인들이 일중독자로 보이곤 한다. 또 미국인들은 프랑스인들이 대단히 감정적이고 계급의식이 강하다고 인식한다. 하지만 사실 한국인들도 프랑스인 못지않다.

문화를 비교하기 위해서는 비교의 차원이 필요하다. 문화의 비교 차원은 연구자에 따라 범주, 프레임, 척도라는 용어로도 표현된다. 이에 관해서는 홉스테드, 트롬페나스, 홀 같은 학자와 건들링, 피터슨 등 다문화 경영 컨설턴트들이 분류해놓은 것이 있다.

트롬페나스는 보편주의와 개별주의, 개인주의와 집단주의, 감정 표출과 감정중립, 관여 확산과 관여 특정, 내부지향과 외부지향 등의 차원에서 국가, 민족, 혹은 지역 간의 문화적 차이를 설명한다. 그에 앞서 다국적기업인 IBM의 직원들을 대상으로 국가 간 문화 비교를 시도했던 홉스테드는 남성성과 여성성, 윤회적 시간관념과 직선적 시간관념, 권력 거리 인식에 따른 평등주의와 차별주의 등의 차원에서 문화를 비교했다. 또 홀이 설명하는 맥락과 거리의 개념은 집단의 문화적 차이를 비교하는 데 유용하다.

건들링이나 피터슨 같은 다문화 경영 컨설턴트들은 경영 현장에서 실제 적용 가능성의 제고를 목적으로 문화의 경향성을 수치적으로 드러내는 노력을 기울여왔다. 피터슨의 경우 수평적 · 위계적, 직접

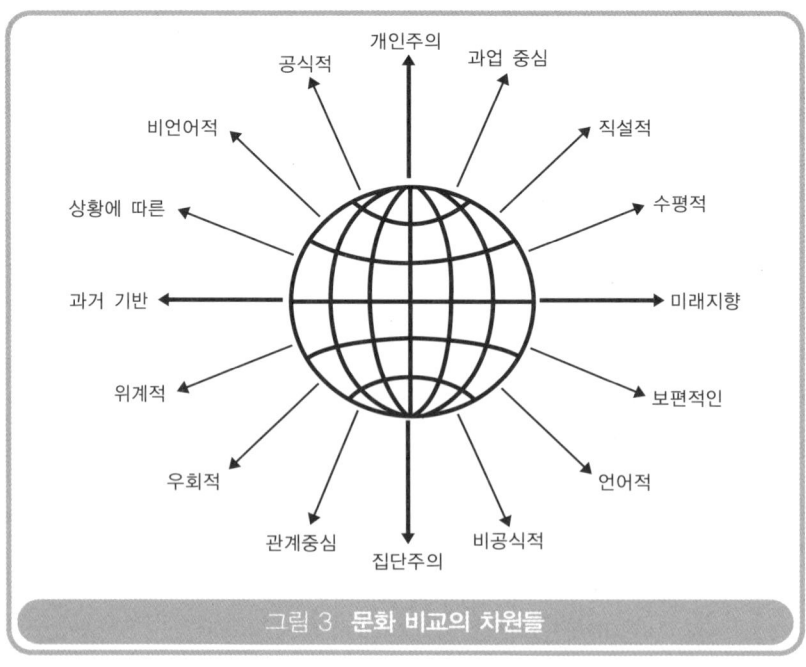

그림 3 **문화 비교의 차원들**

적·간접적, 개인지향적·집단지향적, 업무지향적·관계지향적, 모험수용적·안정지향적이라는 다섯 가지 척도를 기준으로 각 집단의 문화적 경향성을 수치화하고자 했다.

집단의 문화 비교를 위해서는 모든 문화에 보편적으로 존재하는 공통된 사고 행동 체계를 찾아내는 것이 중요하다. 그것이 곧 하나의 차원이 될 수 있다. 어떤 문화에서나 남자와 여자는 각각 이런 일을 해야 한다는 성性 역할에 대한 사고와 행동의 패턴이 있다. 문화마다 다를 수는 있지만 성 역할이라는 사고가 보편적으로 존재하기 때문이다.

마찬가지로 모든 문화에는 시간, 자연, 지위, 인간관계, 감정 표현 등에 대한 사고 행동 체계가 보편적으로 존재한다. 보편성에 기초한다는 연구의 특성 때문에 비록 연구자는 달라도 문화 비교의 차원이나 프레임은 대개 유사하다. 실제 조직 운영과 경영의 현장에서 구체적으로 관찰되는 문화적 양상은 비교 차원에 대한 이해를 바탕으로 보다 명확하게 설명된다.

당신은 친구를 위해 위증하는가

●

보편주의는 모든 상황에 통일적으로 적용될 수 있는 규칙에 근거하여 행동하려는 사고 패턴이다. 반면 개별주의는 현재 이슈가 되고 있는 상황의 예외적 본질에 초점을 맞춰 판단하고 행동하려는 것을 말한다.

당신은 친구가 운전하는 자동차를 함께 타고 있다. 친구가 규정 속도를 어기고 과속하여 한 보행자를 치었다. 친구가 과속한 사실을 아는 사람은 당신밖에 없다. 친구의 변호사는 당신에게 '법정에서 친구가 과속하지 않았다고 증언해주면 처벌을 면할 수 있을 것 같다'고 이야기한다. 당신은 어떻게 행동하겠는가?

① '과속했다'고 증언한다. ② '과속하지 않았다'고 증언한다.

위의 질문에 대해 '과속했다'고 증언하는 경향이 강한 문화를 보편주의, '과속하지 않았다'고 증언하는 경향이 강한 문화를 개별주의라고 분류한다. 한국은 평균적으로 봤을 때 과속하지 않았다고 증언하는 개별주의 경향이 강한 문화이다.

보편주의는 모든 상황에 통일적으로 적용될 수 있는 규칙에 근거하여 행동하려는 사고 패턴이다. 반면 개별주의는 현재 이슈가 되고 있는 상황의 예외적 본질에 초점을 맞춰 판단하고 행동하려는 것을 말한다.

즉 위의 질문에 대해 보편주의 문화에서는 어떤 것이 정당한가, 공정한 것인가를 먼저 떠올리고 그처럼 사고하는 것을 더 가치 있다고 인식한다. 따라서 사실대로 증언하는 쪽을 선택하는 경향이 더 강하다. 그러나 개별주의 문화에서는 친밀한 관계의 사람인 친구가 과속하여 사고를 냈다는 특수한 상황을 판단의 우선순위에 놓는다. 따라서 과속하지 않았다고 증언하려는 경향이 상대적으로 더 강하게 나타난다.

한국은 평균적으로 개별주의 경향이 강한 문화인 것은 분명하지만 그런 경향성의 정도는 어떤 사안이냐에 따라 격차가 있을 것이다. 최근 내가 진행한 워크숍에서는 위의 질문에 대한 응답이 예상과 정반대로 나타났다. 한 기업체의 중견 간부들에게 같은 질문을 한 결과 과속했다고 증언하겠다는 응답이 압도적으로 많았다. 물론 여기에는 주변 사람이 지켜보고 있다는 상황적인 여건이나 질문을 정답을 찾는 시험 문제 식으로 받아들이는 경향이 반영되었을 것이다.

비즈니스 세계에서 거래를 틀 때는 상대방 회사에 친분이 있는 사람이 있는가를 먼저 살펴본다. 공개 입찰을 한 이후에도 공정한 경쟁이 아니라는 뒷이야기가 나온다. 우리 사회가 여전히 개별주의 문화의 경향을 강하게 보이기 때문이다.

정부 산하기관 연구소의 총무팀에서 일하는 C 과장은 '청소 용역을 주기 위해 입찰 공고를 냈더니 청탁 전화가 다섯 통이 넘게 들어왔다'고 말했다. 전임 소장의 친구가 운영하는 회사, 여당의 중진 국회의원 소개로 전화하는 회사, 정부 부처 고위 공무원의 먼 친척이 관여

하는 회사 등이 청소 용역을 맡겨 달라고 전화를 했던 것이다.

결국 C 과장은 자신의 위치에서는 도저히 조율할 수 없어 청탁성 전화를 걸어온 사람들을 한자리에 불러 모아놓고 사정을 설명했다. 어느 부탁도 소홀히 할 수 없는 입장이니 '알아서 조정하십시오'라고 이야기할 수밖에 없었다는 것이다. 이처럼 겉으로는 보편주의의 모습을 띤 공개 입찰이지만 실제로 일이 진행되고 성사되는 내막은 개별주의의 양상을 띠는 경우가 많다.

평가는 어느 조직에서나 민감한 문제가 아닐 수 없다. 어느 회사의 연구원이 조직을 떠나면서 했다는 이야기도 보편주의와 개별주의 비교 프레임에서 보면 보다 명확하게 이해된다.

"인사 평가가 등급을 S, A, B, C를 강제 할당하는 상대평가가 되면서 저는 B, C등급을 받았습니다. 그때 불평을 제기하니 팀장은 '고참들이 진급 연차라 좋은 등급을 줘야 한다'면서 감수하라고 하셨습니다. 그런데 제가 진급을 앞두게 되자 '평가는 1년 동안의 성과에 근거해서 공정하게 해야 하는 것 아니냐'고 말씀하시더군요. 배신감 때문에 잠을 잘 수가 없었습니다."

전년도에 B, C등급을 받았던 사람이 갑자기 해가 바뀌었다고 S, A등급을 받기는 쉽지 않다. 이 연구원은 진급 때가 되면 조직이 알아서 등급을 조정해줄 것이란 기대를 가지고 있었을 것이다. 그러나 특수한 상황을 감안하여 개별주의적으로 이뤄졌던 평가가 본인이 진급할 시점에서는 성과라는 기준에 입각하여 보편주의적으로 실행되다 보니 혼자만 바보가 된 셈이다. 이 같은 양상은 비단 이 연구소뿐만 아니라 많은 공기업이나 민간 기업에서 적잖게 관찰되곤 한다.

조화로운 상태가 '강요'된다

●

집단주의 문화의 사람들은 집단과 자신을 동일시하여 그 집단의 안팎으로 쉽게 이동하지 않는다. 반면 개인주의 문화의 사람들은 일이나 우정이나 심지어 가족에게 느끼는 동질감이 집단주의 문화의 사람들에 비해 약하다.

어느 날 아버지가 두 아들을 불러 말했다.

"얘들아, 오늘은 포도밭에 가서 일을 좀 하거라."

큰아들은 "예, 그러겠습니다" 하고 대답했다. 그러나 사정이 생겨서 결국 포도밭에 갈 수 없었다.

작은아들은 "오늘은 다른 약속이 있어서 안 됩니다"라고 대답했다. 그러나 약속이 취소되어 포도밭에 가서 일했다.

큰아들과 작은아들 중 누가 아버지의 뜻을 따른 것인가?

나는 지역 연구를 하면서 현장조사를 위해 말레이시아의 말라카 인근에 있는 시골 마을에 간 적이 있다. 전형적인 농촌 공동체 사회다. 이런 마을 사람들에게 위의 질문을 하면 열 명 중 일고여덟 명은 큰아들이 아버지의 뜻을 따랐다고 응답한다.

그 이유를 물어보면 실제로 포도밭에 갔느냐 가지 않았느냐보다도 아버지의 체면을 살려주는 것이 더 중요하기 때문이라고 한다. 일단은 아버지가 말씀하시면 '알겠습니다'라고 대답한 후 돌아서서 다시 생각해보는 것이 아버지의 뜻을 따르는 바람직한 행동이라고 여기는 것이다. 이런 문화적 경향성을 강하게 드러내는 것이 집단주의 혹은 공동체주의이다.

물론 그 반대쪽에는 개인주의가 있다. 집단주의는 자신이 속한 집단을 앞세우는 문화적 경향이고 개인주의는 말 그대로 개인 자체를 그대로 드러내려는 경향이다. 집단주의와 개인주의는 사람이 정체성을 어디에 두고 있는가와 밀접하게 관련된다.

취재를 하기 위해 직장인들을 만나면 거의 예외 없이 '어느 회사의 어느 팀에 근무하는 아무개'라는 식으로 자신을 소개했다. 내가 '무슨 일을 하십니까'라고 질문하는 경우에도 대답은 항상 비슷했다. 당시에는 그런 대답이 전혀 이상하지 않은 당연한 대답이라고 생각했다.

그러나 이는 문화 비교의 프레임에서 볼 때 자신의 정체성을 소속 집단에서 두고 있음을 보여주는 전형적인 대답이다. 본인이 어떤 일을 하고 있느냐보다 소속된 집단이 어떤 곳인가를 내세우는 것이다.

집단주의 문화의 사람들은 집단과 자신을 동일시하여 그 집단의 안팎으로 쉽게 이동하지 않는다. 예컨대 집단주의 사람들은 고등학교, 대학교 동창들과 평생 친구 관계를 이어간다. 어느 집단의 일원이 되기까지 상당한 시간이 걸릴 수 있다. 하지만 일단 안으로 들어가면 평생 그 안에서 자리를 지킨다. 따라서 집단주의 문화에서는 평생 직장이라는 개념으로 일하는 모습을 흔하게 볼 수 있다.

반면 개인주의 문화의 사람들은 일이나 우정이나 심지어 가족에게 느끼는 동질감이 집단주의 문화의 사람들에 비해 약하다. 중요한 것은 개인으로서 자신이 어떤 사람인가 하는 자신에 대한 규정이다. 그들은 다양한 삶의 단계에서 더 쉽고 빠르게 여러 집단의 안팎으로 옮겨 다닌다.

인류학자로 입지를 굳힌 한국 출신의 미국 대학교수는 '더 좋은 대학에서 더 좋은 조건으로 스카우트 제의를 하는데도 내가 교수로 처음 부임한 정든 대학에 그대로 머무는 것에 대해 동료 교수들은 잘 이해하지 못했다'고 이야기했다.

그는 또 미국의 한국 이민자 사회를 관찰한 어느 인류학자의 연구를 인용하며 '한국의 부모들은 아이들을 야단치는 이유가 주로 말을 듣지 않는다는 것'이라고 지적했다. 아이들의 잘못을 가지고 야단치는 것이 아니라 부모 말을 듣지 않는다는 이유로 야단친다는 것이다. 위의 질문에 나오는 큰아들처럼 어른이 이야기하면 '알겠습니다'라고 해야 하는데 말끝에 토를 달면 잘못이라고 생각한다.

실제 보통 직장에서라면 갓 들어온 신입 직원이 팀장의 지시에 토를 단다면 차장은 신입 직원에게 그 행동이 잘못이라는 것을 알려주려고 할 것이다. 일단은 '알겠습니다'라고 대답하는 것이 바람직한 행동이라고. 이렇듯 집단주의에서는 집단의 조화 혹은 질서가 우선시되곤 한다. 어떤 갈등이 생겨도 문제를 해결하려고 하기보다는 조용히 이전의 상태로 되돌리려는 경향이 있다는 의미이기도 하다. 물론 이렇게 해서 얻어진 조화는 갈등이 해소된 상태의 진정한 조화가 아닌 거짓된 조화일 뿐이다.

개인주의와 집단주의라는 문화 비교의 프레임은 안과 밖의 경계 설정이라는 관점에서 설명되기도 한다. 안팎, '내內집단in-groups'과 '외外집단out-groups'의 경계를 어느 선에 두고 있느냐.

개인주의 vs 이기주의

현장에서 대화하다 보면 많은 사람들이 개인주의와 이기주의를 혼동하는 경향이 있다. 직원들은 물론 조직을 대표하는 경영층에서도 마찬가지이다. 집단주의적 논리에 익숙한 때문인지 개인주의를 '나만 생각하고 집단의 이익을 전혀 고려하지 않는 얌체족' 정도의 부정적인 의미로 오해한다. 그러나 개인주의는 이기주의와 다르다.

개인주의가 강한 미국인들이 모두 이기주의에 빠져 있지는 않다. 오히려 미국인들이 이해하는 개인주의는 나의 주장도 내세우지만 타인의 취향도 존중한다는 긍정적인 의미를 내포한다. 클루크혼은 미국인들이 신봉하는 개인주의는 모든 사람들이 동등한 권리를 가졌고, 자신의 운명을 완전히 지배할 수 있다는 개념이라고 정의한다. 그들은 스스로 운명을 지배하지 못한다고 느낄 때 몹시 분개한다는 것이다.

낯선 사람을 대하는 방식을 관찰하면 유추해볼 수 있다. 어떤 문화에서는 처음 보는 사람들에게 고개를 끄덕이거나 손을 흔드는 인사가 그리 어색하지 않다. 그러나 어떤 문화에서는 공원에서 처음 보는 사람들과 인사하거나 아는 척하는 것이 생경하다. 그들에게 낯선 사람은 자신의 집단 외부에 있는 사람들이기 때문에 '안녕하세요'라는 인사말을 나누는 것조차 불필요하게 느낀다.

중국 문화를 이해하는 중요한 키워드인 '꽌시關係'도 안팎의 경계 개념과 관련이 있다. 오랜 동안 미국 제너럴 일렉트릭의 상하이 지점에 근무했던 어느 한국계 미국인은 자신이 경험한 꽌시에 대해 이렇게 설명했다.

"'꽌시'라는 것이 아주 무섭더군요. 중국에서 꽌시의 범위 안에 있는 사람이면 모든 것을 기꺼이 도와줍니다. 그러나 꽌시 범위 밖에 있는 사람이라면 사기를 쳐도 괜찮다는 인식이 있는 것 같습니다. 꽌시 없는 사람을 속인 게 뭐가 잘못되었냐는 식으로 이야기하더군요."

사실 한국 문화도 그에 못지않은 구석이 많다. 환갑을 넘긴 한 여성은 자녀에게 '누군가 모르는 사람이 친절하게 대하는 것은 너를 이용하기 위해서'라고 가르친다고 했다. 모르는 사람은 집단 외부에 있는 사람이다. 그런데 그런 사람이 친절하게 다가서는 데는 뭔가 악용하려고 하는 의도 이외에는 달리 이유가 없다는 것을 경험적으로 터득한 것이었다.

미국의 사회역사학자인 프랜시스 후쿠야마는 『신뢰Trust』라는 책을 통해 '한국은 2차적 집단에서의 신뢰가 급격히 떨어지는 사회'라고 지적한 바 있다. 혈연, 지연, 학연 등 각종 연으로 맺어진 공동체인 1차적 집단에서의 신뢰는 대단히 높은 데 반해 기업과 같이 연을 벗어나 공동의 목표를 중심으로 형성된 2차적 집단에서는 서로를 불신하는 문화가 강하다는 것이었다. 중국에서 '꽌시'를 중시하듯이 한국인들은 '연'을 기준으로 설정하고 있는지도 모른다.

어찌되었건 집단주의 문화 속 사람들끼리는 모든 허물까지도 공유할 만큼 친밀하다. 목욕을 함께하기도 하고 상대방의 안방에 들어가 잘 수도 있다. 이에 비해 개인주의 문화는 정반대이다. 초면에도 기분 좋게 인사를 나눌 만큼 친근해 보이는 관계이지만, 그 관계에서 인사 이상의 어떤 것을 기대한다면 그것은 어리석기 그지없는 행동이다. 부모라고 해도 자녀 방에 함부로 들어갈 수 없으며 목욕을 함께할 수도 없다.

장관이 왜 자전거를 타고 출근하나

•

권력 거리란 직급, 나이, 경력, 학력 등이 자신보다 우월한 사람, 즉 더 큰 권력을
가진 사람에 대해서 느끼는 정서적, 심리적 거리감을 말한다. 홉스테드는 상대적
으로 권력 거리가 큰 문화와 작은 문화가 있다는 것을 발견했다.

어느 날 신문에 정부 부처 장관이 자전거를 타고 출근하면서 포즈를
취하는 사진이 실렸다. 당신이라면 다음 중 어느 쪽으로 생각하겠는
가?

① 장관이 자전거로 출근하는 것은 뭔가 이상하다.
② 장관이 자전거로 출근한다고 해서 이상할 것은 없다.

홉스테드는 권력 거리power distance에 대한 인식의 차이를 가지고
국가 간의 문화를 비교했다. 권력 거리란 직급, 나이, 경력, 학력 등이
자신보다 우월한 사람, 즉 더 큰 권력을 가진 사람에 대해서 느끼는
정서적, 심리적 거리감을 말한다. 홉스테드는 상대적으로 권력 거리
가 큰 문화와 작은 문화가 있다는 것을 발견했다. 달리 표현하면 권력
거리가 큰 문화는 차별주의 문화이고 권력 거리가 작은 문화는 평등
주의 문화이다.

위의 질문에서 '장관이 자전거로 출근하는 것은 뭔가 이상하다'고 느끼는 사람이 많은 문화는 권력 거리를 크게 인식하는 문화일 가능성이 높다. 반대로 '장관이 자전거로 출근한다고 해서 이상할 것은 없다'고 느끼는 사람이 많은 문화는 아마도 권력 거리를 작게 인식하는 문화일 것이다.

한국은 권력 거리를 크게 인식하는 나라에 속한다. 따라서 한국에서 정부 부처의 장관이 자전거로 출근한다거나 시장의 좌판에서 음식을 먹는 모습이 뉴스에 비치면 일반 사람들은 대개 '그냥 보여주기 위한 것'이라고 여기는 경향이 강하다.

그러나 북유럽을 비롯해 권력 거리를 작게 인식하는 나라에서는 장관이 자전거를 타고 출근한다고 해도 이상하다는 느낌을 갖지 않는다. 장관은 단지 장관직을 수행하고 있을 뿐이다. 장관이라고 해서 특별히 접근하기 어려운 대단히 높은 사람이라고 보지 않기 때문이다.

권력 거리가 큰 문화에서는 기본적으로 사람들 간의 불평등이란 것을 받아들인다. 약자는 통상적으로 강자에게 의존한다. 이를 조직에 비춰보면 부하직원은 '수동적으로' 지시에 따라 일하는 경향이 강하다.

실제로 조직 개발을 위한 변화관리 컨설팅에서는 리더에게 '부하직원들의 의견을 자주 묻고 의사결정에 참여시키라'고 말한다. 그러나 권력 거리가 큰 조직에서 이 같은 권고는 문화적으로 넘어야 할 장벽이 아주 높은, 어찌 보면 '비현실적인' 권고이다.

리더는 부하직원들의 의견을 묻는다. 그때 부하직원이 보이는 가장 흔한 경우는 '내 의견은 특별히 없고 시키는 대로 하겠다'는 것이었다. 또 의견이 있더라도 그것을 직설적으로 이야기하는 것을 아주

꺼린다. CEO, 공장장 혹은 팀장이 일선 직원들과 간담회를 해도 내용적으로 보면 매우 비생산적이고 형식적인 양상으로 흘러버리곤 한다.

권력 거리가 큰 문화일수록 조직 안에서는 권력 집중이 심하다. 이 같은 경향성 또한 조직 현장의 여러 가지 실상을 적절히 설명해준다. 앞에서 나는 일터에 대한 관찰 결과를 통해 권한위임보다 위임받은 권한조차 제대로 활용하지 않는 것이 더 큰 문제라고 언급했다. 하지만 한국 기업 조직은 권력 거리가 큰 문화이기 때문에 권한을 위임받았다고 해도 지속적으로 더 큰 권력의 눈치를 살피는 경향을 보인다.

한국 사회의 큰 권력 거리 인식을 상징적으로 대변하는 것이 '스승은 그림자도 밟아서는 안 되는 존재'라는 표현이다. 그림자도 밟아서는 안 되는 지고至高의 존재인 스승과 학문적인 논쟁을 한다는 것은 어불성설이다. 그렇기 때문에 학생들은 선생님의 설명에 궁금증을 느껴도 질문하기가 어려울 수밖에 없다. 최고의 단계인 박사 과정을 밟고 있는 경우에도 지도교수와 학문을 논한다는 것은 상상하기 힘들다. 기본적으로 교사나 교수는 스승이다. 스승은 단순한 지식이 아니라 지혜를 전달하는 존경의 대상이다. 이에 반해 권력 거리가 작은 문화에서의 교사나 교수는 객관적 진리를 전달하는 전문가이다. 그들의 이야기에서 의문이 들면 언제든 질문하고 논쟁을 할 수도 있다.

마지막으로 짚고 넘어가야 할 것은 약자가 강자에게 보이는 태도의 양극화 경향이다. 앞서 지적한 것처럼 권력 거리가 큰 문화에서는 약자가 강자에게 통상적으로 의존적인 태도를 보인다. 그러나 이 같은 태도는 상호 관계가 매우 원만하거나 갈등의 수준이 약할 때 나타난다. 갈등이 심화되면 정반대로 약자는 반反의존적인 태도로 급변한다.

다시 말해 권력 거리가 작은 문화에서는 강자와 약자가 상호의존적인 관계 속에서 일상적으로 발생하는 크고 작은 갈등을 순간순간 조정해나가는 경향이 강하다. 하지만 권력 거리가 큰 문화에서는 크고 작은 갈등이 조정되기보다는 봉합(의존 상태의 지속)되며 어떤 계기를 통해 그것이 폭발하면 상호관계의 대립(반의존 상태로 급변)을 가져온다. 여기서 계기란 강자가 약자에게 제공했던 시혜적인 보상이 더 이상 지속될 수 없게 되었을 때이다.

"사실 처음에는 뭘 모르니까, 조직이라는 곳은 원래 그런 모양이라고 생각했습니다. 그런데 농담처럼 던지는 말이 점점 도를 넘었습니다. 팀 분위기라는 것도 있기 때문에 그때마다 정색을 하고 이야기할 수도 없었고요. 웃어 넘기기도 하고 일부러 더 부드럽게 반응하기도 했습니다. 하지만 이제 지쳤습니다. 끝까지 가봐야지요."

현장에서 봤던 한 여직원의 사례도 의존에서 반의존으로 돌변한 경우였다. 팀장과 여직원의 관계는 어느 순간 피고와 원고의 관계가 되어버렸다.

정년 퇴직한 사람이 자신을 소개할 때 어떤 회사의 사장까지 했던 사람이라고 소개하는 경우를 종종 보게 된다. 권력 거리가 큰 문화에서 중요한 것은 지위이다.

그러나 우리 사회도 교육의 평준화를 비롯한 여러 가지 이유로 사람들이 인식하는 권력 거리가 작아지고 있다. 소개받는 입장에서는 그 사람이 사장이었다는 사실보다 사장 재임 기간 동안 어떤 일을 했는가를 더 듣고 싶어 한다. 사장이었다는 사실이 아니라 사장으로서 이러한 올바른 일을 했다는 사실에서 권위가 생겨날 수 있는 것이다.

말하는 것이 꼭
의미하는 것은 아니다

●

개념적으로 보면 맥락이란 '대화를 나누는 당사자 간에 당연한 것으로 받아들여
지는 공유된 지식의 정도' 혹은 '암묵적으로 받아들여져 참고가 되고 있는 공통
의 논의 기반 정도'라고 풀이된다.

미국 지사에 파견되어 3개월이 지난 기무라 쇼스케. 미국의 지역 사
회는 교회를 중심으로 움직인다기에 동네 교회에 열심히 다녔다.

어느 주일날 한두 번 눈인사를 나눴을 뿐인 미국 친구가 갑자기 다
음주에 점심 식사를 하자고 제안했다. 기무라는 고민에 빠졌다.

'왜 밥을 먹자고 하지?'

일반적으로 일본 문화와 미국 문화는 위와 같은 대화를 나눌 때 기
초하고 있는 문화적 경향이 다르다.

일본인은 밥을 먹자는 제안을 맥락적으로 이해하려 한다. 특정 제
안에 어떤 의미가 있는지 따지는 것이다. 전체적인 상황을 감안하면
자신은 파견되어 온 지 3개월밖에 안 되었는데 왜 밥을 먹자고 하는
것인지 궁금해 한다. 미국인은 그저 친하게 지내고 싶을 뿐 다른 의도
는 전혀 없을 수 있지만, 일본인은 왜 친해지려고 하는가를 따져본다.

미국의 문화인류학자인 에드워드 홀은 맥락context이라는 개념으

로 문화를 비교했다. 개념적으로 보면 맥락이란 '대화를 나누는 당사자 간에 당연한 것으로 받아들여지는 공유된 지식의 정도' 혹은 '암묵적으로 받아들여져 참고가 되고 있는 공통의 논의 기반 정도'라고 풀이된다. 홀에 의하면 주로 동양권은 고맥락high context 문화이며 서양권은 저맥락low context 문화이다. 물론 같은 동양이나 서양에서도 국가별 차이는 존재한다.

한국은 고맥락 문화로 분류된다. 실제 컨설팅 현장에서도 한국의 조직 생활에서는 많은 것을 맥락적으로 이해해야 하는 경우가 빈번하다. 고맥락 문화에 대한 실용적(?) 정의는 '말하지 않아도 눈치껏 알아서 상황을 파악해서 행동하는 것을 바람직하게 보는 문화'이다. 이에 반해 저맥락 문화는 '분명하고 명료하게 계약된 내용에 따라서 약속한 바대로 행동하는 것을 바람직하게 보는 문화'이다.

한국 문화에서는 '눈치도 없느냐'면서 알아서 행동할 것을 강조한다. 팀 회식 때 자리 배치는 암묵적으로 정해진다. 팀의 막내는 맨 말

표 1 **맥락과 커뮤니케이션**

저맥락 문화	고맥락 문화
언어에 대한 의존도 높음	언어에 대한 의존도 낮음
상대방이 말하는 것이 곧 의미하는 것	상대방이 말하는 것은 의미하는 것의 일부, 의미하는 것은 숨겨져 있음
비언어 표현에 대한 의존도 낮음	비언어 표현에 대한 의존도 높음
정보는 대부분이 글이나 말을 통해 특정 언어로 전달됨	정보는 언어보다도 물리적 상황이나 내부 지식에 의해 그 의미가 전달됨
이문화 간의 커뮤니케이션에서 의미를 충분히 읽지 않음(underscanning)	이문화 간의 커뮤니케이션에서 의미를 지나치게 많이 읽음(overscanning)
실질 · 정직 · 내용을 중시	명분 · 조화 · 형식을 중시

석에 앉아서 재빨리 물을 따르고 숟가락과 젓가락을 놓는다. 중간 정도의 지위를 차지하는 팀원이 팀장의 기호를 파악해 메뉴를 결정하면 막내는 곧바로 음식 나르는 사람을 불러 주문을 넣는다. 이런 일에 능하지 못하면 '요즘 애들은 버릇없다'는 말을 듣기 십상이다.

전체적 맥락을 파악해서 눈치껏 행동해야 한다는 직장인의 덕목은 반드시 팀의 막내에게만 적용되는 것은 아니다. 간부회의를 위해 회의실에 모인 팀장들은 바로 자리에 앉지 않는다. 먼저 참석자를 확인하고 자신이 어느 자리에 앉아야 하는가를 파악한다. 회의 진행자는 '편하게 앉아주세요'라고 말한다. 하지만 그들은 '팀장이라고 같은 팀장이 아니다'는 인식을 보인다. 그래서 막내 서열 팀장은 출입문 옆자리에 앉아야 마음이 편하다.

고맥락의 문화에 동화되기까지는 많은 시간을 요한다. 맥락을 이해하는 데 필요한 시간이다. 맥락을 이해하지 못하는 사람은 다른 사람과의 커뮤니케이션에 불편함을 느낀다. 반대로 맥락을 이해하게 되면 다른 사람과의 커뮤니케이션 효율이 높아진다. 간단히 말해 고맥락 문화의 팀장은 설명을 덜 자세하게 한다. 고맥락 문화의 차장은 자세하지 않은 설명에도 충분히 알아듣는다. 맥락을 이해하지 못하는 신입 직원만 어리둥절해 한다.

한국 기업에 대한 조직 진단 결과, 커뮤니케이션 문제의 이유는 우리가 고맥락 문화라는 데 있다. 즉 집단 속에 맥락을 충분히 파악하지 못하는 사람, 혹은 그런 상황들이 적지 않게 등장하기 때문이다. 이런 집단에서 커뮤니케이션의 한계는 크게 두 가지이다.

첫째, 맥락이 분명하지 않으면 쉽게 말하지 않는다. 상대방의 의중이나 문맥이 명확히 이해되지 않으면 말하는 것을 주저하게 된다. 조직 생활에서 특정한 상황의 맥락을 얼마나 잘 읽어내는가가 판단의 기준이 되기도 한다. 잘 모르는 사람이 많이 모인 회의, 처음 보는 상대와의 대화 등에서 말수가 줄어드는 것도 맥락이 확정되지 않았기 때문이다. 이런 모습을 저맥락 문화 출신자가 보면 주도성이 떨어지거나 설명력이 부족한 사람으로 인식할 것이다.

둘째, 맥락을 만들어내는 사람 혹은 그것을 지배하는 사람이 의미의 결정자가 되고 리더가 된다. 맥락을 변경하려고 하는 사람은 리더에게 도전하는 것으로 받아들여진다. 따라서 자유로운 의견 개진이 어려워진다.

물론 맥락을 공유하는 사람 사이의 커뮤니케이션은 효율성이 높을 수도 있다. 하나를 이야기하면 열을 알아듣는다거나 마음과 마음이 통하는 커뮤니케이션이 가능해진다.

고맥락 문화 출신자와 저맥락 문화 출신자의 대화는 종종 문화적 차이로 인해 오해가 있을 수도 있다. 처음의 사례와 같이 저맥락의 미국인은 순수하게 식사를 함께하자는 것 이상도 이하도 아닌 제안을 하고 있다. 반면 고맥락의 일본인은 상대방의 제안을 어떻게 받아들여야 할지를 고민한다. 인사치레로 하는 말일 테니 정중하게 거절해야 하는 것인지, 뭔가 부탁할 일이 있어서 그러는 것이니 시간을 내야 하는 것인지를 따져본다. 이런 일본인의 행동을 보면서 미국인은 식사 한 번 함께하는 것 가지고 왜 그러는지 의아해할지도 모른다. 고맥락 문화 출신자는 상대방의 말이 어떤 맥락에서 나왔는지를 지나치게 신경 쓰고overscanning, 저맥락 문화 출신자는 상대방의 말을 곧이곧대로 단순하게 받아들이는underscanning 경향을 보인다.

한번 상사는 영원한 상사

●

장교 부인들이 모여서 김장을 담글 때, 남편의 계급 서열에 따라 부인이 하는 일
이 결정된다는 이야기를 접한 적이 있을 것이다. 남편의 서열이 반영되어 뒷짐 지
고 있는 부인과 고춧가루를 뿌리는 부인이 정해진다. 결국 남편들 간의 관계가 부
인들 간의 관계로 그 관여 범위가 확산된 것이다.

"내가 과장이지 내 마누라까지 과장 마누라가 되어야 하는 것이냐."

"나는 연구원이라고 생각하고 들어왔는데 연구는 뒷전이고 행정
처리 같은 잡일에 치여 산다."

"조직 속에 질서를 생각할 때 네가 커피 심부름도 하고 청소도 거
들어줘야 하는 것은 어쩔 수 없다."

컨설팅 현장에서 흔히 듣게 되는 말들이다. 한두 기업에 국한된 이
야기가 아니라 한국의 일터 문화에서는 보편적이다. 이런 모습이 일
반화되어 있는 것은 우리가 대표적인 관여 확산의 문화를 가지고 있
기 때문이다.

장교 부인들이 모여서 김장을 담글 때 남편의 계급 서열에 따라 부
인이 하는 일이 결정된다는 이야기를 접한 적이 있을 것이다. 남편의
서열이 반영되어 뒷짐 지고 있는 부인과 고춧가루를 뿌리는 부인이
정해진다. 결국 남편들 간의 관계가 부인들 간의 관계로 그 관여 범
위가 확산된 것이다.

언젠가 고속버스 터미널 근처를 지나는데 길거리에 서서 거수경례를 나누는 사람들을 목격한 적이 있다. 대화 내용을 들어보니 같은 부대에서 생활한 관계임을 바로 알 수 있었다. 그런데 얼굴을 보니 전역한 지 벌써 20~30년은 지났을 법한 중년의 사람들이었다. 군에서 맺어진 선임병과 후임병의 관계는 전역하면서 끝나는 것이 아니다. 그 관계는 이어지고 경우에 따라 평생을 따라다닌다. 이 역시 관여 확산 문화의 한 단면이다.

관여 확산과 관여 특정은 국가 간 문화 비교의 차원이지만 컨설팅 현장에서 보면 한국 기업 내부에서도 계층에 따라 선호 문화의 경향이 뚜렷하게 대립되고 그로 인해 갈등이 유발되고 있다. 주로 신세대나 낮은 직급에서는 관여 특정의 관계를 선호한다. 물론 지금은 본인이 낮은 직급이지만 나중에 더 새로운 세대가 조직에 유입되고 높은 직급으로 올라선 상황에서도 여전히 관여 특정의 관계를 선호할지는 의문이다.

"내가 커피 심부름이나 하려고 회사에 들어온 줄 아십니까?"

"조직 속의 질서를 생각할 때 네가 커피 심부름도 하고 청소도 거들어줘야 하는 것은 어쩔 수 없다."

위와 같은 대화에서 커피 심부름에 짜증을 내는 직원은 회사와 본인의 관계를 계약 내용에 근거해서 특정화하고 싶어 한다. 이에 비해 상사는 그 관계를 확산시킬 수밖에 없는 문화를 주장한다.

어느 워크숍에서 '신뢰를 높이기 위해 개선되어야 할 리더의 행동이 무엇이냐'는 조사를 했더니 '담배 사오라고 시키는 일은 없어져야 한다'는 의견이 나왔다. 부하직원은 상사와 부하의 관계 속에 담배 심부름과 같은 사적인 부탁은 포함되지 않아야 한다는 관여 특정을 선호하는 데 비해 상사는 그 정도의 부탁도 할 수 있는 관여 확산의 경향을 보여주고 있는 셈이다.

관여 특정의 문화에서는 두 사람 간의 관계가 다른 주변 영역으로 가급적 확산되지 않고 한정된다. 예컨대 관여 특정 문화에서 팀장과 팀원의 관계는 가급적 조직 내부에서의 관계, 직무 범위 안에서 관계로 한정된다. 따라서 퇴근 후 동네 슈퍼마켓에서 마주치게 되면 아주 다정한 아웃 주민의 관계로 새로운 양상을 보이게 된다.

비록 한국의 신세대 혹은 낮은 직급의 직장인들이 관여 특정의 문화를 선호 경향을 보이는 측면이 있다. 하지만 그것은 조직 내부에서 상사와의 관계에만 국한되는 경우가 많다. 상대방에 따라 혹은 사안에 따라 이들도 관여 확산의 문화라는 큰 굴레에서 자유롭지는 않다. 예컨대 이들도 회사는 당연히 직원 자녀 학자금을 보조해줘야 한다는 주장에 공감할 수 있다. 관여 특정의 문화라면 회사와 직원 간의 관계 속에 자녀 학자금을 보조해주는 정책까지 포함시키지는 않을 것이다.

청문회에서 도덕성이
가장 발목을 잡는 이유

●

우리 문화는 관여 확산의 경향이 강하다. 리더십이 중요하다. 왜냐하면 관여 확산의 문화에서 직장 상사는 단순히 상사일 뿐 아니라 모든 생활 영역에서 선배가 될 수 있기 때문이다.

한동안 한국 사회에서 리더십에 대한 관심이 높았다. 하지만 이제는 너무 많은 리더십 이론을 접했는지 무덤덤하거나 아예 싫증을 느끼기도 한다. 물론 그럼에도 리더십은 여전히 중요하다. 더구나 앞서 살펴본 우리의 문화적 경향성을 감안한다면 미국이나 서유럽 국가보다도 한국에서 리더십의 중요성은 더욱 커진다.

우리는 권력 거리가 큰 문화이다. 사람들 간의 불평등을 당연하게 받아들인다. 부하직원은 특정한 경험 혹은 기존의 학습 효과가 없는 상태에서도 조직의 상사에게 의존하는 것을 당연시하는 경향이 강하다. 상사의 리더십 행동에 대해 수용하려는 태도는 더 강하다고 볼 수 있다. 동시에 고맥락의 문화이기 때문에 평소 상사와 부하직원 간에 맥락의 공유가 충분하다면 커뮤니케이션의 효율성이 대단히 높아질 수 있다.

특히 우리 문화는 관여 확산의 경향이 강하다. 리더십이 중요하다.

왜냐하면 관여 확산의 문화에서 직장 상사는 단순히 상사일 뿐 아니라 모든 생활 영역에서 선배가 될 수 있기 때문이다.

미시적으로 일터 현장을 관찰해보면 조직 문화에서 중간관리의 역할이 얼마나 큰가를 알 수 있다. 사실 많은 인사·조직 개발 컨설팅에서는 '조직을 이끌어가는 대표가 일선 현장 구성원들의 신뢰를 얻어야 한다'고 강조한다. 지극히 당연한 것처럼 들리지만 현실적으로 CEO가 말단 직원의 신뢰를 얻는 방법은 찾기 어렵다. 기본적으로 신뢰는 상대방의 언행을 직접 확인하는 것에서 출발할 수밖에 없다. 그런데 CEO와 말단 직원의 대면 접촉의 기회는 1년에 한두 번 있을까 말까하다. 그런 관계에서 신뢰를 얻기란 힘들다.

"508호와 509호에 사는 두 아버지는 연말 송년회로 인해 근 한 달 동안 회식을 마치고 지친 몸으로 늦게 귀가했습니다. 이에 대해 508호 어머니는 초등학교 딸에게 '술도 못 드시는 아버지가 너희들을 위해 피곤한데도 밤늦게까지 사람들을 만나고 오는 것'이라고 이야기합니다. 반면 509호 어머니는 딸에게 '너희 아버지는 송년회를 핑계 대고 허구한 날 술이나 마시면서 사람들하고 노닥거리다가 오는 것'이라고 말합니다. 아버지와 대면하기 어려운 두 딸이 각자 자기 아버지에 대해 어떤 인식을 가질까요?"

극단적인 예시이지만 이런 이야기를 하면 사람들은 농담처럼 웃어넘긴다. 두 딸이 갖게 되는 아버지에 대한 인식을 결정하는 것은 어머니이다. 다시 말하면 일상적으로 대면 접촉하는 어머니가 아버지의 행동에 대해 어떻게 해석하고 의미를 부여하느냐가 중요하다는 것이다.

직장에서도 마찬가지이다. 말단 직원들이 CEO 혹은 조직에 대한 인식을 갖는 데 결정적인 영향을 미치는 사람은 직속 상사이다. 일상적으로 대면 접촉하는 중간관리자가 CEO 혹은 조직의 의사결정을 어떻게 받아들이고 해석하여 그것을 아래로 내려보내느냐에 좌우되는 것이다. 더구나 관여 확산의 문화에서는 상사가 단순한 상사가 아니다. 리더십의 의미가 각별하지 않을 수 없는 것이다.

파슨스T. Parsons는 관여와 감정이란 차원을 사분면으로 나눠 상대방에 대한 감정의 표현을 문화적으로 비교한다.

인간관계에 대한 긍정적 감정 표현이 각각의 문화적 경향성을 반영하여 관여 확산적-감정 표출적 문화에서는 '애정', 관여 확산적-감정 중립적 문화에서는 '존경', 관여 특정적-감정 표출적 문화에서

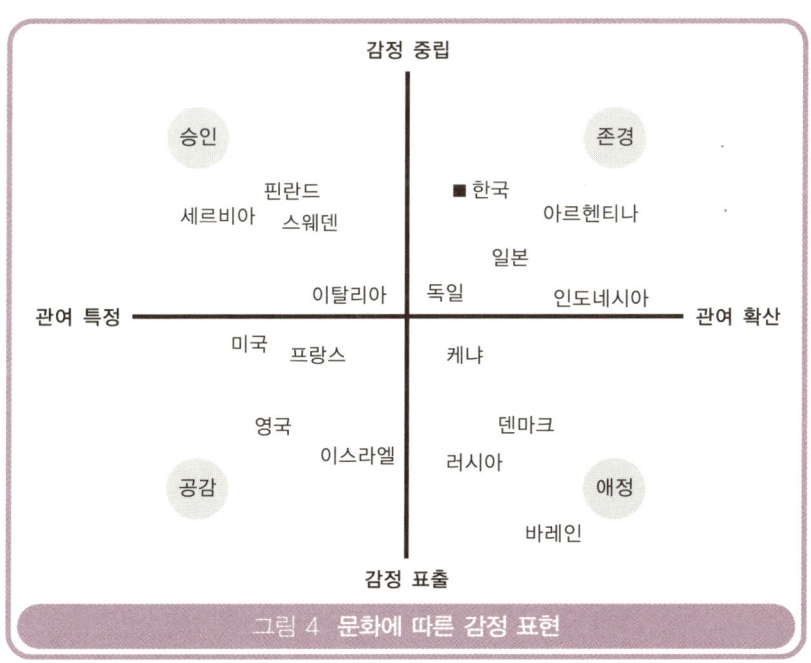

그림 4 **문화에 따른 감정 표현**

는 '공감', 관여 특정적−감정 중립적 문화에서는 '승인'으로 나타난다는 것이다. 물론 부정적 감정 표현도 존재하는 것은 당연하다. 이는 각각 '혐오' '실망' '거절' '비판'으로 드러난다.

정리하면 한국의 문화적 경향성은 관여 확산적이면서 감정 중립적이다. 타인과의 관계에 대한 긍정·부정의 표현이 '존경한다 혹은 실망했다'는 식으로 나타난다.

리더십이 중요해지면서 리더십 관련 책들이 많이 출간됐다. 하지만 주종을 이루는 것은 미국 서적의 번역본이다. 이 같은 서적에서 리더가 취할 바람직한 행동의 하나로 항상 '부하직원 혹은 타인과 공감하라'는 이야기가 있다. 공감은 관여 특정적−감정 표출적 문화에서의 바람직한 관계 표현이다. 우리의 문화적 정서와는 '몸에 맞지 않는 옷처럼' 왠지 모를 이질감 같은 것이 있다. 그래서인지 '공감하라'는 말에 대해 컨설팅 현장에서 듣는 말을 '뭘 어떻게 해야 하는 것인지 모르겠다'는 반응이다.

결론적으로 우리의 문화적 경향성을 반영한다면 한국의 리더는 상대방과 공감하는 것이 아니라 존경의 대상이 되는 것이 중요하다. 대통령 선거나 장관 청문회에서 개인의 역량 못지않게 도덕성을 중요한 잣대로 들이대는 것도 그 사람을 존경의 대상으로 바라보는 문화적 경향성에 기초하고 있다.

조직 문화에는
절대적 기준이 있다

●

인류의 보편적 가치라는 커다란 기준이 존재하는 것과 마찬가지로 조직 문화에는
지속적 성장과 부가가치 생산을 위한 효율적인 문화라는 절대적인 기준이 있다.
그 같은 기준 달성의 환경적 요인들이 변화하는 한 조직 문화는 변화에 적응하기
위해 끊임없이 변신을 모색해야 한다.

문화를 논의하다 보면 어느 한 대목에서 문화상대주의를 거쳐가게 된
다. 때로 문화상대주의는 대화 상대방의 말문을 막아버린다. 보편적
기준을 인정하지 않으면서 의도적인 변화 노력 혹은 개발의 대상에서
문화를 배제시켜버리기 때문이다. 컨설팅 현장에서도 그런 인식과 부
딪치게 된다.

"우리 회사만의 독특한 문화가 있다. 일방적으로 파괴하려고 하면
더 큰 혼란만 가져온다."

경영자나 관리자 중에는 그렇게 주장하는 경우가 적지 않다. 물론
이런 식의 논리가 모두 부당하지는 않다. 어느 선에서 독특함이 유지
되고 어느 선에서 변화와 개선이 일어나야 한다는 것을 일률적으로
지적하는 것은 쉽지 않다. 그러나 이 같은 인식의 저변에 문화상대주
의적인 논리가 뿌리내려져 있는 것은 분명하다. 결국 강력한 문화적
관성에 부딪쳐 변화 관리의 노력은 물거품이 되곤 한다.

문화는 다양하다. 문화는 그 자체로 유일한 독특함이다. 문화마다 바람직하게 받아들이는 규범과 가치는 서로 다르다. 따라서 항상 그 맥락 속에서 이해되어야 한다. 상대적일 뿐이며 보편적인 기준이란 존재하지 않는다. 이런 논리의 연장선에서 상호간의 우열을 따질 수도 없다는 것이 문화상대주의이다.

예컨대 어떤 사람은 절약해서 모은 돈으로 휴가를 즐기는 것을 바람직하게 생각한다. 하지만 다른 어떤 사람은 그렇게 모은 돈을 종교 단체에 기부하는 것을 가치 있게 생각한다. 그때 누가 어떤 기준으로 두 사람 행동 간의 우열을 따질 수 있느냐는 식이다.

1988년 서울올림픽이 개최되기 수개월 전부터 서울 시내의 대로변에서 보신탕 집 간판이 사라지기 시작했다. 유럽의 동물 보호론자를 비롯한 이른바 진보 성향의 인사들이 개고기를 식용으로 삼는 한국의 올림픽 개최를 보이콧 하겠다는 압력이 강해진 것이었다.

국가적 대사를 앞둔 시점에서 국제 사회의 목소리를 모른 척할 수는 없었을 것이다. 서슬 퍼런 군사정부의 시책에 따라 보신탕 집 간판은 일단 보이지 않는 곳으로 옮겨졌지만 올림픽 시즌이 끝나자 다시 제자리로 돌아왔다. 한국인들은 개고기의 식용 문화에 대해서도 문화상대주의를 거론한다. 프랑스인이 달팽이를 먹고 일본인이 말고기를 먹는 것처럼, 우리의 문화일 뿐이며 비난받을 일이 아니라는 논리이다.

사람들이 통상적으로 언급하는 문화상대주의는 그 논리의 출현 배경에서부터 왜곡의 개연성을 띠고 있다. 타 문화에 대한 깊은 이해의 방법론적 도구로서 문화상대주의를 이야기하기보다는 서구 문화의 지나친 팽창과 강압적 이식에 저항하는 이데올로기적 도구로서 문화상대주의를 거론하기 때문이다. 에드워드 사이드가 동양에 대한 서양의 식민지주의, 인종차별주의, 자민족 중심주의란 지배 양식으로 오리엔탈리즘orientalism을 비판한 것과는 별개로, 그에 대한 정서적 거부 차원에서 문화상대주의에 올라타는 것은 그것을 이데올로기적 도구로 이용하는 것일 뿐이다. 문화인류학자인 마빈 해리스M. Harris는 문화상대주의가 인간의 생존을 위협한다는 것을 강조하면서 다음과 같이 지적하고 있다.

"문화상대주의는 모든 것을 다 옳다고 보기 때문에 불완전한 개념이다. 현대 인류학은 서구 문화의 지나친 팽창에 대한 반작용으로 문화상대주의에 경도되어 있다. 부족 전쟁, 유아 살해, 식인 풍습 등은 비록 맥락에 따라서 순기능도 있을 수 있다고 하더라도 인류의 보편적 가치에 어긋난다. 문화상대주의는 인류의 보편적 가치와 결부되어야 제 기능을 발휘한다."

그는 '전쟁은 본능적이다' '여성과 흑인은 열등하다' '다국적 기업들이 핵 군비 경쟁을 부추긴다' 등의 주장을 믿느냐 안 믿느냐가 기호의 문제일 수 없다며 문화상대주의로 모든 것을 당연시하는 논리를 경계한다.

조직 문화에 관해서는 더더욱 문화상대주의적인 논리에 편승해 '우리 조직의 독특한 문화'만을 고집스럽게 이야기하는 것은 무의미하며 위험하다. 인류의 보편적 가치라는 커다란 기준이 존재하는 것과 마찬가지로 조직 문화에는 지속적 성장과 부가가치 생산을 위한 효율적인 문화라는 절대적인 기준이 있다. 그 같은 기준 달성의 환경적 요인들이 변화하는 한 조직 문화는 변화에 적응하기 위해 끊임없이 변신을 모색해야 한다.

3장

선물을 주고받으면 모두가 즐거워진다

직원들도 나서서 '당근과 채찍'이 필요하다고 말한다. 당근 몇 조각을 얻기 위해 채찍을 용인하는 것이다. 그러나 형태를 달리할 뿐 당근과 채찍은 모두 불신의 표현이다. 정말 필요한 것은 호혜적인 선물의 교환이다. 당장의 대가를 바라지 않는다는 희생과 헌신에 기초한다.

조직 문화의 요소, 조직 문화의 진단 프레임, 나아가 대표적인 조직 문화의 유형 등을 검토해보자. 그리고 신뢰와 다양성이란 가치를 중심으로 포천 100대 기업의 문화적 특징을 살펴본다. 조직 개발 컨설팅 과정에서 얻은 조직 문화에 대한 지식과 초창기의 5년 동안 한국의 일하기 좋은 기업(GWP) 선정을 총괄하면서 얻은 경험을 토대로 한다.

풍부한 적용 사례를 가진 프레임에 기초하여 조직 문화를 진단해보는 것은 조직 문화의 특징을 파악하는 데 유용하다. 조직 문화의 특징은 동일한 잣대로 다른 조직과 비교하는 과정에서 드러나기 때문이다. 기업에서는 직원들에게 열정을 요구한다. 그러나 그것이 요구해서 얻어질 대상인지, 자발적인 선의인지 궁금해진다. 과연 어떤 문화 속에서 열정적인 태도를 기대할 수 있을까. 신뢰는 동서고금의 조직에 필수적인 보편적인 가치이다. 다양성은 개인의 창의성이 존중되는 경영 환경에서의 시대적 가치이다.

일하기 좋은 기업의 대명사인 포천 100대 기업의 문화적 특징은 주목해볼 만하다. 그것은 '동등한 가치의 상징'과 '선물 교환의 관계'로 요약될 수 있다. 동등한 가치의 상징이란 포천 100대 기업 안에도 계층구조가 있기는 하지만, 그것을 뛰어넘어 사람이 가지고 있는 동등한 존재적 가치를 구현하고자 부단히 노력하고 그것을 상징적으로 보여주는 관행들이 많이 자리잡고 있다는 것이다.

CJ그룹의 직급 호칭 파괴는 이러한 영향을 받은 것이다. 한국 조직 문화 현실에서 보면 대단한 실험이다. 그것이 장기적으로 어떤 변화를 가져올지 관심이 모아진다. 선물 교환의 관계는 조직과 구성원 사이의 호혜적인 신뢰 문화를 말한다. 신뢰에 기반하여 조직은 구성원에게 자율, 권한, 배려, 존중, 행복을 선물한다. 이에 대해 구성원은 헌신, 몰입, 개선, 그리고 기대 이상의 성과로 조직에 화답한다. 마른 수건 쥐어짜기 식의 성과는 결코 호혜적인 것이 아니다.

문화 경쟁력 –
보이지 않기 때문에 값진 것

●

개인의 가치가 강조되는 시대에 왜 우리는 조직 문화를 고민해야 하는가? 그것
은 본질적으로 기업을 필두로 한 모든 조직은 지속적으로 성장해야 하는 의무가
있기 때문이다. 현 상태를 유지하고자 하는 순간부터 조직은 쇠퇴의 길로 들어서
게 된다.

개인마다 성격이 있다. 성격은 개인의 태도나 행동을 예측하는 실마
리가 되곤 한다. 개인에게 성격이 있는 것처럼 조직에도 성격이 있다.
이 역시 지속적이고 안정되게 드러나는 특성이다.

예컨대 어떤 조직이든지 '도전적이다' '우호적이다' '친밀감이 있
다' '혁신적이다' '보수적이다'와 같이 특징적으로 드러나는 문화적
성격을 지적할 수 있다. 이런 성격은 외부 사람들이 조직 구성원의 태
도와 행동을 예측하는 단초가 되기도 한다. 또한 내부 사람에게는 상
호간의 일체감을 강화시키고 원만한 조직 운영을 위해 필요한 암묵적
인 가이드라인으로 기능한다.

조직 문화란 조직 구성원들이 경영 환경에 대처하며 문제를 해결
하는 공통의 사고와 행동 양식을 말한다. 1990년대 이후 전세계적으
로 국가 사회 혹은 기업 등의 조직에서 핵심적인 시대적 가치로 떠오
른 것은 다양성diversity이다. 사회가 다양한 가치관의 소유자들로 파편

화된 것은 조직을 위해서가 아니라 각 개인으로서 인격을 존중받으며 인간답게 살아가는 것에 더 무게 중심을 두는 사람들이 많아지기 때문이다. 우리 시대의 패러다임은 조직에 따라 정도의 차이가 있을 뿐 개인과 집단 간의 힘겨루기에서 대체로 개인의 손이 높이 올라가는 쪽으로 정립되어 왔다.

왜 우리는 개인의 가치가 강조되는 시대에 조직 문화를 고민해야 하는가? 그것은 본질적으로 기업을 필두로 한 모든 조직은 지속적으로 성장해야 하는 의무가 있기 때문이다. 현 상태를 유지하고자 하는 순간부터 조직은 쇠퇴의 길로 들어서게 된다. 조직 개발 컨설팅에서는 '조직에 아무런 외부의 의도적 개입이 가해지지 않는 상태가 2년 이상 지속되면 그 조직은 이미 부식하고 있는 것'이라고 말한다. 그것은 마치 개인이 신체적 · 정신적인 건강 관리를 하지 않으면 나이가 들면서 모든 기능과 능력이 쇠퇴하는 것과 같다.

조직이 성장을 위해 선택할 수 있는 방법은 두 가지이다.

하나는 성장의 모티프와 자원을 외부에서 끌어들이는 것이다. 기업이라면 매수합병M&A을 통해 다른 기업이나 사업을 편입시키는 식이다. 경우에 따라서는 경쟁회사의 유능한 인재를 스카우트해서 활용할 수도 있다. 이 같은 방법은 상대적으로 간단하며 시간도 오래 걸리지 않는다.

다른 하나는 기존 비즈니스의 구조 속에서 창의적 혁신을 도모하는 것이다. 이를 위해서는 구성원의 역량과 조직 운용 방식이 지속적으로 변화 개발되어야 한다. 조직 문화의 변화 추구는 후자의 실행과 연관된다. 조직 자체의 진화를 통한 성장의 모색이다. 조직 문화의 변화, 조직 자체의 진화를 통한 성장은 상대적으로 장기적이고 지속적인 성장으로 이어진다는 것이 많은 선행 연구들을 통해 드러나 있다.

사실 조직 문화에 대한 관심은 비교적 단기간에 걸쳐 본격적으로 대두되었다. 오우치W. G. Ouchi, 피터스와 워터맨Peters and Waterman 등에 따르면 조직 관리자들은 물론 인사 조직 분야를 연구하는 경영학자들도 1980년대 초반까지는 조직 문화라는 개념에 거의 주의를 기울이지 않았다. 조직 문화가 그 조직에 있어서는 '지극히 당연한 어떤 것' 정도로 여겨졌기 때문이다. 조직 구성원들이 공유하는 지배적인 가치관이나 사고방식을 반영하는 것일 뿐이란 정도의 개념적이고 피상적인 이해에 머물러 있었다. 또 일반적인 문화가 그렇듯이 집단 내부 사람에게는 조직 문화의 모습이 뚜렷하게 드러나지 않는다. 조직이 위협에 노출되었거나, 다른 조직 문화를 경험했거나, 특정한 프레임 혹은 모델을 통해 조직 문화를 진단하고 나서야 비로소 그 윤곽을 파악할 수 있다. 이런 이유 때문에 조직 관리자와 연구자들은 조직의 성과를 설명하는 중요한 요인으로서 조직 문화를 받아들이지 않았다.

그러나 장기간에 걸쳐 지속적으로 성장하는 초일류기업에는 그 조직만의 독특한 성격이 뿌리내려져 있다는 인식이 전혀 없지는 않았다. 이런 인식은 미국 기업들의 경쟁력에 대한 회의론이 사회를 지배했던 1980년대로 들어서면서 서서히 주목받기 시작했다.

미국 경제는 1980년대로 접어들면서 이른바 쌍둥이 적자(재정적자와 무역적자) 문제가 본격적으로 대두되면서 강력한 구조조정 분위기로 접어들었다. 냉전시대를 거치면서 세계의 경찰국가를 자임했던 미국은 막대한 재정을 공산주의 확산 저지와 차단과 세계 질서유지 비용으로 지출해왔다. 이렇게 재정적자가 심각해지는 상황에서 믿었던 기업들마저 자국의 안방에서도 외국 기업에게 시장을 내주고 있었다. 일본의 가전, 전자, 자동차 업체가 미국 내수시장을 잠식해 들어갔다. 미국의 실력을 상징했던 IBM은 '종이 호랑이' '멸종된 공룡'으로 비유되며 조롱거리가 되었다.

당연히 미국의 경영학자나 연구자들은 일본 기업들의 어떤 측면이 미국의 아성을 허물고 있는가에 주목하지 않을 수 없었다. 그들이 경험했던 일본 기업의 모습은 일사불란했다. 가장 충격적이었던 것은 일본인들이 직장이나 자신의 업무에 대해 가지고 있는 철학이었다. 그들에게 직장은 단순히 돈을 버는 일터 이상의 의미가 있었다. 직장이나 업무는 자신과 동일시되었다. 1960~1970년대를 통해 개인주의적 가치의 극성기를 거쳐 온 미국 사람들에게는 쉽사리 이해되지 않았다. 하지만 그 같은 사고방식은 조직에 대한 충성도, 동료들 간의 일체감, 제품의 품질, 고객 서비스 등에서 구체적이며 실질적인 차이를 불러왔다.

미국 정부는 미일 간에 프라자 합의를 이끌어내고 자동차 시장을 비롯한 일본 내수시장의 '강제 할당'을 요구하는 대대적 공세에 나섰다. 하지만 최소한 십수 년 동안은 이미 기울어진 시계추를 돌릴 수 없었다. 일본 기업들은 살인적인 엔고를 극복해냈다. 오히려 가치가 높아진 엔화를 들고 미국의 유서 깊은 건물과 영화사를 사들였다.

미국 기업들도 자구 노력을 기울였다. 정부에 대해서는 한층 공세적으로 일본 정부를 압박하도록 요구하는 한편, 구조조정과 조직 혁신을 위한 부단한 노력을 기울였다. 가장 인기를 끌었던 조직 혁신의 솔루션은 리엔지니어링, TQM(전사적 품질관리), 다운사이징이었다. 품질관리의 원조인 예일대 출신의 데밍W. E. Deming은 일본에서는 영

미국 시애틀에 기반을 둔 고급 백화점 체인인 노드스트롬은 경기 부진으로 유통업계 전체가 고전을 면치 못하는 상황에서도 수년 동안 놀랄 만한 판매 신장세를 보이고 있었다. 경쟁회사들은 노드스트롬의 성공 비결이 궁금했다.

관찰 결과, 노드스트롬은 직원들에게 판매 수당을 제공하고 있었다. 경쟁회사들은 주저 없이 판매 수당제를 도입했다. 그러나 결과는 정반대로 나타났다. 경쟁회사 직원들은 경영자가 자의적 판단으로 수당을 지불한다며 공정한 보상 시스템이 아니라고 반발했다. 불만은 고조되었고 노동조합을 결성하는 곳도 생겨났다. 핵심은 판매 수당이 아니었다. 노드스트롬에는 고객 서비스를 위해 현장 직원을 중시하고 그들에게 많은 권한을 위임하는 독특한 문화가 있었다.

노드스트롬이 유명세를 타기 시작한 것은 어느 신문기자의 르포 기사였다. 어느 날 매장에 갔던 기자는 아주 남루한 옷차림의 손님이 고가의 옷을 둘러보는 모습을 목격했다. 도저히 옷을 살 여유가 없을 것 같은 행색이었지만, 판매원의 태도는 무척 친절했다. 손님이 떠나가자 기자는 판매원에게 물었다.

"방금 다녀간 손님이 정말로 이 고가의 옷을 살 수 있다고 생각했습니까?"

판매원의 답변은 인상적이었다.

"저는 누가 손님인가를 판단하는 일을 하지 않습니다. 노드스트롬을 찾은 분들에게 친절하게 응대하는 일을 합니다."

이 같은 문화가 하루아침에 형성되지는 않았을 것이다.

웅 대접을 받았지만 정작 자기 나라에서는 별다른 주목을 끌지 못하던 상황이었다.

리엔지니어링, 다운사이징, TQM과 같은 기업들의 노력은 전체적으로 만족스런 결과로 연결되지 않았다. 언스트 앤 영, 맥킨지 등 컨설팅 기관의 조사 결과들이 그것을 확인시켜준다. 불행하게도 다운사이징은 직원들의 사기 저하와 신뢰감 상실로 연결되어 오히려 생산성을 더 악화시키는 결과를 초래했다.

합리주의, 실증주의, 과학적 전통이 강한 미국 기업들은 조직을 기계적으로 파악했고 그 속에서 생활하는 인간에 대한 특성을 각별한 고려 대상으로 여기지 않았다. 그러나 조직을 여러 개의 직무 덩어리 정도로 이해한 후 그 연장선에서 실행하는 외과 수술적인 처방을 통해서는 일시적인 호전 이상의 근본적인 문제 해결을 기대하기 어려웠다. 미국 기업들은 막대한 비용을 지불하고도 노드스트롬의 문화를 이해하기까지 아주 오랜 시간을 보내야 했다.

전략적인 경영관리의 대상

●

피플 트랙은 단기 성과의 30퍼센트를 창출하는 데 그치지만 조직의 핵심역량이
되며 이를 통해 조직은 다른 경쟁 상대와 차별화될 수 있다. 조직의 비즈니스 특
성과 구조에 맞춰 조직 문화를 최적화시키는 노력은 지속적인 경쟁우위의 확보를
위해 요구되는 전략적 경영관리의 대상이란 인식이 명확해져야 한다.

국내 기업에서도 조직 문화에 대해 관심을 보이는 경영자들이 부쩍
늘어나고 있다. 그러나 그 같은 관심은 마치 선정을 베풀고자 했던 도
덕 군주의 넓은 아량 같은 것에서 발로하는 수준이다. 태평성대의 상
황에서는 여유를 부리지만 경영 환경이 급박해지면 조직 문화는 이내
관심 영역에서 멀어진다.

　우리에게는 조직 문화가 지속적이고 장기적인 성장과 경쟁우위의
확보를 위해 요구되는 중요한 경영관리의 대상이란 인식이 크게 떨
어진다. 아마도 조직 문화를 혁신하는 노력이 단기간에 성과로 연결
되지 않는다거나 투입된 노력과 산출된 결과의 인과성을 확신하기
어렵다고 생각하기 때문일 것이다. 항상 '1+1=2'가 되어야 한다는
도식적 사고에서는 조직 문화를 이야기하기 어려운 것이 사실이다.

　1980년 마이클 포터M. Porter 교수가 발표한 고전적인 경쟁우위론
에 따르면 고수익으로 경쟁기업 이상의 재무적 성과를 지속하기 위해
서는 몇 가지 분명한 조건이 충족되어야 한다. 먼저 새로운 진입자the

entry of new competitors에게 장벽이 높아야 한다. 제품의 제조 비용이 높거나 특별한 기술 기반이 요구되거나 고도의 전문 지식이 필요한 경우 그 분야에는 새로운 진입자가 적다. 당연히 해당 업계에는 소수의 경쟁자만이 존재할 것이다. 그렇게 경쟁자가 적으면 적을수록 기업이 기대할 수 있는 수익은 많아진다.

대체품의 위협the threat of substitutes은 적어야 한다. 예컨대 어떤 기업이 업계 내에서 유일한 제품이나 서비스의 공급자이며 경쟁기업이 상당 기간 동안 그것을 복제할 가능성이 없다면 그 기업의 기대수익은 높아질 것이다.

수요자 혹은 공급자의 교섭력the bargaining power of buyers or suppliers 은 낮아야 한다. 예컨대 어떤 제품을 구입하려는 사람에게 다른 선택의 여지가 크지 않다면 그것을 파는 기업에게 의존하지 않을 수 없다. 결과적으로 높은 수익을 거두게 될 것이다. 반대로 공급자의 경우에도 다른 선택의 여지없이 주로 해당 기업에만 공급하게 된다면 의존적인 관계가 형성될 것이다. 기업은 가격이나 지불 조건 등에서 자신에게 더 유리한 조건을 강제할 수 있다. 그리고 업계 내부의 경쟁the rivalry among existing competitors은 치열하지 않은 것이 좋다.

이런 조건들을 충족시키는 기업은 특정 업계에서 높은 시장점유율을 차지해 이른바 규모의 경제를 실행할 수 있을 것이다. 그들은 경쟁회사에 앞서 선제적으로 가격 할인정책을 실시할 수도 있고 다른 기업을 수직적인 통합 구조로 끌어들여 생산 구조의 효율성을 극대화시킬 수 있다. 사실 포터가 지적하는 조건들이 충족되면 성공할 수 있다는 것은 의심의 여지가 없다. 오히려 너무도 당연하다. 그러나 너무도 당연한 주장은 종종 현실에서는 전혀 들어맞지 않기도 한다.

페퍼J. Pfeffer 교수의 저서 『사람이 경쟁력이다competitive advantage through people』에 따르면 실제로 미국 증권시장에서 20여 년에 걸쳐 높은 재무적 성과를 기록한 기업들을 조사해보면 한결같이 포터가 이야기하는 경쟁우위 요소가 전혀 없는 기업들이 성공하고 있음을 알 수 있다. 재무적 성과에 기초해 투자수익률 1~5위를 달성한 기업은 사우스웨스트항공, 월마트, 타이슨푸드, 서킷시티스토어즈, 플레넘퍼블리싱이었다.

그런데 이들 기업이 속한 항공, 유통, 식품, 출판 등은 포터의 주장과는 달리 대표적으로 진입장벽이 거의 없다. 대체품은 얼마든지 있으며 어느 업종보다도 경쟁이 극심한 업종이었다. 특별한 기술이나 전문지식에 기초하는 업종도 아니었다.

국내에서도 널리 알려진 사우스웨스트항공은 1970년대 미국 항공업계의 진입장벽이 아주 높아 초기 정착에 큰 어려움을 겪었지만 오히려 그 같은 환경을 극복하고 성공을 거두었다. 경쟁업체였던 이스턴항공, 팬아메리칸항공, 텍사스항공, 피플익스프레스 등이 차례로 도산하는 와중에서 사우스웨스트항공은 독보적인 성과를 보였던 것이다.

또 규모가 작았던 월마트는 시어즈, K마트라는 양대 산맥과도 같았던 경쟁회사와 싸워 시장을 확대해나갔다. 시어즈와 K마트가 사업부문을 매각하고, CEO를 수차례 경질하고, 점포수를 줄여나가는 상황에서 월마트는 성장을 지속해왔다. 서킷시티스토어즈, 타이슨푸드, 플레넘퍼블리싱의 경우도 마찬가지였다.

비결은 무엇일까? 이들 기업의 지속적인 성장은 경영 상황, 시장 포지셔닝, 우수한 자원보다 오히려 개인적 신념, 공유 가치, 비전 같

사우스웨스트항공 사례

한국에서 사우스웨스트항공의 이미지는 '펀Fun경영으로 유명한 회사' 'CEO 허브 켈러허Herb Kelleher의 유머' 정도로 굳어져 있다. 여기에는 오해의 소지가 있다.

이 회사가 세상의 주목을 받게 된 것은 1998년 처음 발표된 '포천 100대 기업' 순위에서 1위를 차지한 것이 결정적인 계기였다. 지방의 중소 항공사에 불과한 이 회사가 기라성 같은 대기업을 모두 제치고 미국에서 가장 일하기 좋은 기업에 선정되었던 것이다. 당연히 매스컴의 주목을 받았고 연구자들이 주목하기 시작했다.

시간이 지나면서 파악된 이 회사의 실상은 불가사의했다. 이 회사는 적은 인원으로 많은 승객을 실어 날랐다. 여객기당 투입되는 항공업계의 평균 인력이 131명이었을 때, 이 회사는 단 79명으로 여객기를 운항했다. 직원 한 명당 고객 수가 2,318명으로 업계 평균인 848명을 훨씬 웃돌았다. 적은 인력으로 많은 승객을 수송하기 위해 직원들은 빠르게 움직였다. 다른 항공사의 여객기가 착륙 후 재이륙까지 평균 45분이 소요되었을 때 이 항공사는 단 15분에 모든 준비를 마쳤다.

조종사나 직원들에게 항공업계 평균 연봉의 4분의 3 정도를 지불했으나 이직률은 2% 미만으로 훨씬 낮았다. 적은 인력과 낮은 연봉에도 서비스는 탁월했다. 고객 불만률, 수화물 유실률, 정시 운항률이라는 3가지 지표를 기준으로 가장 우수한 항공사에게 주는 트리플 크라운을 유일하게 7회 연속 수상했다. 이 밖에도 믿기지 않는 기록들은 많았다. 어떻게 이런 일이 가능했을까?

페퍼 교수는 그것을 독특한 공유 가치와 조직 문화의 힘이라고 분석하며, 신문 지면이나 TV화면을 통해서는 드러나지 않기 때문에 다른 회사는 오로지 바니걸스 복장을 모방할 뿐이라고 지적한다. 한편 허브 켈러허가 일선에서 물러난 2000년대 들어서 이 회사의 조직 문화는 완전히 다른 모습으로 변했다.

은 것과 더 밀접한 관련을 갖는다. 실제로 놀라운 성공을 거둔 기업이나 업계를 리드하는 초일류기업들은 분명히 다른 회사와는 차별화되는 조직 문화가 있다는 것이 많은 연구자들에 의해 입증되었다.

물론 경영 전략, 시장에서의 포지셔닝 혹은 지위, 기술적인 우위 등이 중요한 것은 이론의 여지가 없지만 성공을 거둔 조직은 독특한 조직 문화를 발전시켜 나가면서 그것이 가지는 힘을 충분히 활용해왔다. 강력하면서도 독특한 조직 문화의 힘은 구성원 간의 공통된 이해를 기반으로 작동하여 외부의 불확실성에 효과적으로 대처하게 한다. 기대되는 바를 명확히 함으로써 조직 질서를 강화하고, 중요한 가치관과 기준으로 조직적 연속성을 확립해주고, 구성원을 단결시켜 집단의 정체성과 헌신을 끌어내는 것이다.

실제 존 코터John Kotter와 제임스 헤스켓James Heskett은 1972년 미국의 저명한 증권 애널리스트 75명을 대상으로 인터뷰를 실시했다. 증권 애널리스트는 일반적으로 수치에만 주목한다는 고정관념과는 달리 1명을 제외한 74명은 조직 문화가 기업의 재무적 성공에 중요한 요소란 인식을 가지고 있음이 드러났다.

인사 조직 분야의 글로벌 컨설팅 회사들이 대부분 경영 성과를 이끄는 조직 활동의 한 가지 흐름으로 문화적 프로세스를 거론한다. 즉 성과로 연결되는 조직 활동을 비즈니스 트랙business track과 피플 트랙people track으로 나눠 설명한다.

비즈니스 트랙은 회사가 추구하는 비전 미션의 달성을 위해 먼저 전략을 수립한다. 전략의 실행에 적합한 조직 구조와 시스템을 최적화시키고 각각의 역할과 기능을 수행하는 실행 목표와 계획을 통해 성과로 다가간다.

피플 트랙도 회사가 추구하는 비전 미션의 달성을 공유하는 것은 마찬가지이다. 문화의 근간에는 가치와 규범이 있다. 마찬가지로 먼저 조직 문화 차원에서 구성원이 공유할 가치 체계를 정립한다. 그것을 관리자들의 리더십이나 구성원들의 역량 개발을 통해 구체화시키면서 단위 조직의 풍토를 명료성, 효율성, 적극성, 공정성, 성과지향

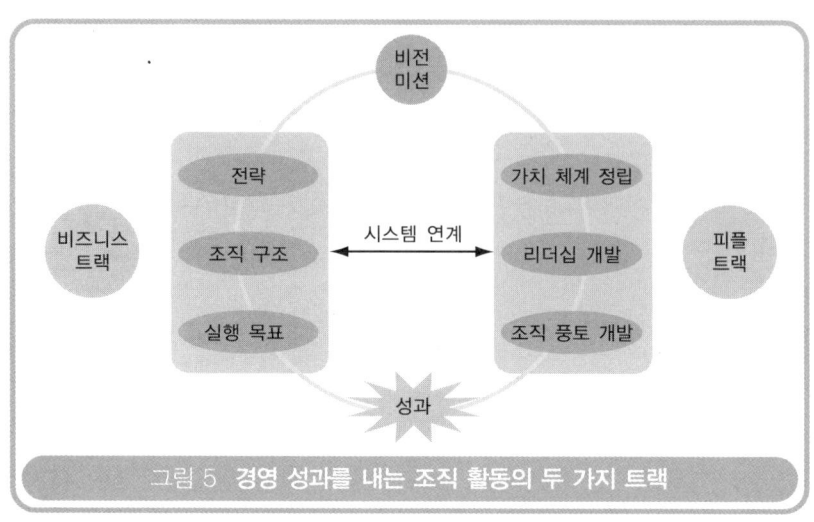

비전
미션

전략

가치 체계 정립

비즈니스
트랙

조직 구조

시스템 연계

리더십 개발

피플
트랙

실행 목표

조직 풍토 개발

성과

그림 5 **경영 성과를 내는 조직 활동의 두 가지 트랙**

성 등의 차원에서 질적으로 향상되도록 만들어나간다.

단기적으로 경영 성과의 70퍼센트를 창출하는 것은 비즈니스 트랙이다. 하지만 여기서의 성과는 중장기적으로 피플 트랙에 의한 문화적 변화관리 프로세스에 결정적인 영향을 받는다. 피플 트랙은 비록 단기 성과의 30퍼센트를 창출하는 데 그치지만 조직의 핵심역량이 되며 이를 통해 조직은 다른 경쟁 상대와 분명하게 차별화되고 지속적으로 우위를 점할 수 있다.

조직의 비즈니스 특성과 구조에 맞춰 조직 문화를 최적화시키는 노력은 지속적인 경쟁우위의 확보를 위해 요구되는 전략적 경영관리의 대상이란 인식이 명확해져야 한다.

자동차에 부품이 있듯
조직 문화에는 요소가 있다

●

문화의 증위적 구성을 가지고 각 문화의 특징을 이야기할 수도 있지만 보다 종합
적으로 '우리의 조직 문화는 이런 특징을 가지고 있다'라고 하기 위해서는 조직
문화를 바라보는 공통된 요소와 속성에 대한 이해가 필요하다. 공통된 기준에서
우리의 조직 문화는 타 조직 문화에 견주어 이러한 특징을 가지고 있다고 말할
수 있어야 한다.

조직 문화에는 표면층과 심층이 있다. 표면층은 상대적으로 단기간에
쉽게 파악된다. 반면 심층은 장기간에 걸쳐 구성원의 행동을 관찰하
고 그 행동의 배경을 연구한 이후에나 파악할 수 있다.

최근 국내 기업에서도 조직의 비전 미션을 정하고 핵심가치 체계
를 정립하여 명시적으로 확인시키는 작업이 활발했다. 하지만 엄밀한
의미에서 액자에 내걸리거나 회사 다이어리에 쓰여지는 핵심가치는
그 자체로 큰 의미를 갖지는 못한다.

가치는 문화에서 가장 심층을 이루는 것이다. 구성원의 조직 생활
을 규율하는 기준으로 내재화되어 있을 때 비로소 의미를 갖기 때문
이다. 한마디로 '우리는 도전을 중시한다'는 글귀가 의미를 갖는 것
이 아니라 '도전적으로 행동하는 조직 구성원들의 관행화된 사고와
행동의 양상'이 중요하다.

표면층을 구성하여 외부로 드러나는 것은 의식, 상징물, 일화 같은 것이다. 의식은 조직의 기본적인 가치관을 표현하고 강화하는 일련의 반복적 행동이다.

외국의 예로는 월마트의 구호가 있다. 누군가의 선창에 따라 모든 직원이 정해진 구호 "Gimme a W, gimme an A, gimme a L, gimme a M,A,R,T"를 외친다. 창업주인 샘 월튼이 직원들의 사기를 높이고 결속을 강화하기 위해 시작했다고 한다. 이런 의식은 조직의 성공을 위해 직원을 중시한다는 월튼의 신념을 반영하고 있다. 이런 형태의 구호는 국내외 많은 기업들이 가지고 있는 의식이다.

상징은 일반적으로 생각하는 회사 로고 같은 것만을 의미하는 것은 아니다. 알코어의 본사는 임원실을 포함해 개인에게 별도로 부여되는 사무실을 두지 않는 것으로 알려져 있다. 작은 평수로 동등하게 구획된 사무 공간, 공동으로 이용하는 공유 공간, 회의실로 내부 공간이 구성되어 있다. 이같이 형식에 구애받지 않는 내부 공간 구획은 직원들에게 이 회사가 강조하는 개방성, 평등, 창조성, 유연성이란 가치를 상징적으로 보여준다.

이 같은 문화의 층위적 구성을 가지고 각 문화의 특징을 이야기할 수도 있지만 보다 종합적으로 '우리의 조직 문화는 이런 특징을 가지고 있다'라고 하기 위해서는 조직 문화를 바라보는 공통된 요소와 속성에 대한 이해가 필요하다. 공통된 기준에서 우리의 조직 문화는 타 조직 문화에 견주어 이러한 특징을 가지고 있다고 말할 수 있어야 한다.

조직 문화의 요소와 속성을 실증적 연구에 기초하여 다양하게 제시한 것들이 있다. 초기 연구자인 샤인A. Schein과 코터와 헤스켓 등은 문화적으로 다져진 내부 조화 수준이 조직 문화를 특징짓는 요소가 된다고 주장했다. 알퍼트Alpert와 웻텐Whetten은 문화의 강약과 내부지향성 혹은 외부지향성이 조직 문화를 구분하는 요소라고 제시했다. 고든G. Gorden은 조직 문화의 요소로 11가지를 주장했다. 각각은 명료성, 방향성, 목표달성도, 통합의 수준, 경영층의 친밀도, 직원의 주도적 실행을 장려하는 수준, 분쟁의 해결 방식, 성과의 명확도, 성과 강조의 수준, 실행 강조의 수준, 보수 체계, 인재육성 체계이다.

홉스테드는 국가 간 문화 비교의 기준을 그대로 적용하여 조직 문화의 분석틀로 삼았다. 연구 대상이 본래 다국적 기업인 IBM의 현지직원들이었기 때문이다. 그는 조직 문화의 특징을 권력 거리의 정도, 불확실성 회피의 정도, 개인 · 집단주의의 정도, 남성 · 여성적 가치관의 정도 등의 요소를 가지고 판단하려고 했다.

이 밖에도 조직 문화의 요소로 제시되는 것은 학자들에 따라 매우다양하고 복잡하다. 기본적으로 조직 문화가 다루는 범위가 그만큼넓기 때문이다. 로빈스S. Robbins가 기존 연구들을 종합하여 제시한 조직 문화를 구성하는 7가지의 본질적 요소는 다음과 같다.

조직 문화를 구성하는 7가지 본질적 요소

- 혁신 및 도전성 : 조직 구성원에게 혁신적이면서 위험을 두려워하지 않도록 어느 정도 격려하고 있는가.
- 세부에 대한 주의 : 조직 구성원에게 세부적인 것에 정교하게 그리고 분석적으로 주의를 기울이도록 어느 정도 기대하고 권장하는가.
- 결과지향 : 조직은 결과에 도달하는 방법이나 프로세스보다 결

과나 성과 그 자체를 어느 정도 중시하는가.

- 구성원 중시 : 조직은 의사결정을 내리면서 내부 구성원에 미치는 파급 영향을 얼마나 중요하게 판단하는가.
- 팀 중시 : 개인이 아니라 팀 중심의 직무 활동이 얼마나 체계화되어 있는가.
- 적극성 : 안이한 태도가 아니라 적극적이며 경쟁적인 태도는 어느 정도인가.
- 안정성 : 성장보다는 현상 유지를 중시하는 활동이 조직 내부에서 어느 정도 강조되는가.

이상의 7가지 요소는 낮은 단계에서 높은 단계까지 연속적으로 존재한다. 이런 요소를 가지고 조직 문화를 진단 평가한다면 그 조직의 전체적인 모습을 상당한 수준으로 파악할 수 있다. 전체적인 모습 속에서 직원들이 가지는 조직에 대한 공통의 이해, 조직이 운영되는 방식, 직원들에게 요구되는 바람직한 행동 같은 것이 드러나게 된다.

경쟁가치 프레임 –
퀸과 캐머론의 모델

●

4가지 조직 문화 유형의 핵심가치는 서로 상반되거나 경합하는 관계이다. 즉 한 쪽의 핵심가치를 중시한다는 것은 다른 쪽의 핵심가치를 덜 중시한다는 의미가 된다. 물론 이처럼 핵심가치가 서로 경합하는 관계이기 때문에 이를 경쟁 가치 프레임이라고 부른다.

실제 조직 문화 진단 평가 단계에서 다양한 요소들을 모두 망라하여 검토하는 것은 거의 불가능하다. 따라서 보다 넓게 조직 문화에 영향을 미치고 그것을 특징짓는 가장 중요한 요소가 어떤 것인가를 찾아내고 결정하는 것, 즉 진단 평가 프레임의 구축이 필요하다. 이런 진단 평가의 프레임에 대해서도 다수의 선행 연구가 있다. 하지만 어떤 프레임이라 해도 조직 문화의 전반을 포괄할 수는 없다. 따라서 프레임은 옳고 그름의 판단 대상이 아니라 조직 문화의 특징을 타당성 있게 파악하는 도구인가의 문제이다.

여기서 캐머론K. S. Cameron과 퀸R. Quinn 그리고 트롬페나스가 제시한 조직 문화 진단 프레임과 타입을 소개한다. 두 가지는 유사하면서도 차이가 있다. 전자는 업종에 따른 조직 문화의 유형 이해에 도움이 되고 후자는 글로벌한 비교의 차원에서 조직 문화 유형 이해에 도움이 된다.

먼저, 캐머론과 퀸이 주장하는 '경쟁 가치 프레임competing values framework'이라는 진단 프레임이다. 조직의 효과성에 영향을 미치는 39가지 지표를 통계적으로 분석해 2가지 주요한 차원을 찾아냈다. 그것을 종축과 횡축으로 하여 4가지 조직 문화 유형을 특징적으로 설명하고 있다.

첫번째 차원은 조직이 유연하고 재량권이 부여되며 역동성이 중시되는가 아니면 안정적이며 규율과 관리를 중시하는가를 대비시켜 본다. 즉 어떤 조직은 변화를 중시하여 유연하고 생명체처럼 역동적으로 움직일 때 성과가 높다는 가정을 가지고 있다.

한편 어떤 조직은 안정지향적이며 예측 가능한 것을 중시해서 기계적으로 사전에 정해진 절차에 따라 움직이면 성과가 높아진다는 가정에 입각하여 움직인다. 대부분의 대학이나 정부기관 혹은 거대 기업은 계획과 실행이 모두 장기적인 관점을 가지고 지속적이라는 특징이 있다.

두번째 차원은 내부지향성이 강해 통합 단결을 중시하는가 아니면 외부지향성이 강하고 차별화와 경쟁을 중시하는가를 대비시키는 것이다. 마찬가지로 어떤 조직은 조화가 이루어진 내부적인 인간관계가 확보될 때 성과가 높아진다는 가정을 할 것이다.

한편 어떤 조직은 외부로부터의 환경 변화에 적절히 대응하면서 적극적으로 경쟁하고 차별화를 꾀하는 것이 조직 성과를 높이는 지름길이라고 가정한다.

위의 두 가지 차원을 종축 횡축으로 하여 그림 6과 같이 4가지 조직 문화의 특징적인 유형을 도출할 수 있다. 각각은 조직이 의사결정을 내릴 때 기초가 되는 핵심가치를 중심으로 구분이 되는 셈이다.

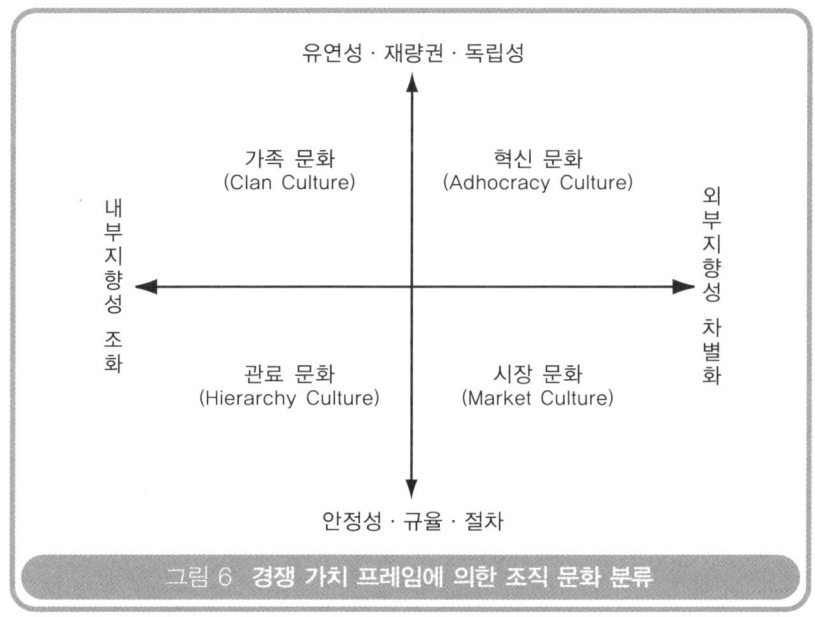

유연성 · 재량권 · 독립성

가족 문화
(Clan Culture)

혁신 문화
(Adhocracy Culture)

내부지향성 조화

외부지향성 차별화

관료 문화
(Hierarchy Culture)

시장 문화
(Market Culture)

안정성 · 규율 · 절차

그림 6 경쟁 가치 프레임에 의한 조직 문화 분류

4가지 조직 문화 유형의 핵심가치는 서로 상반되거나 경합하는 관계이다. 즉 한쪽의 핵심가치를 중시한다는 것은 다른 쪽의 핵심가치를 덜 중시한다는 의미가 된다. 물론 이처럼 핵심가치가 서로 경합하는 관계이기 때문에 이를 경쟁 가치 프레임이라고 부른다.

종축으로는 유연성과 안정성이라는 상반되는 핵심가치가 양 극단에 위치하게 된다. 횡축으로는 내부지향성과 외부지향성이라는 상반된 특성과 그것이 반영하는 핵심가치가 대치되는 모습을 보인다.

4가지 조직 문화 유형은 각각의 핵심가치와 조직 운영 형태를 적절히 담아내는 가족 문화, 관료 문화, 시장 문화, 혁신 문화라는 용어로 표현된다. 캐머론과 퀸에 따르면 4가지 조직 문화를 지칭하는 용어는 자신들이 독자적으로 결정한 것이 아니라 조직의 핵심가치와 조직 형태의 관계에 관한 다양한 학술적 문헌 연구에서 유래된 것이다.

1) 가족 문화

1970년대 이후 일본 대기업들의 글로벌 경쟁력을 연구한 학자들은 당시의 미국 기업 문화와 근본적인 차이를 보이는 독특한 조직 문화를 발견했다. 일본 기업 내부에서는 이른바 공통의 가치관shared value, 공통의 목표, 조직 내부의 단결, 직원들의 참여, 가정과 동일시하는 직장에 대한 개념 같은 것이 문화적으로 확실히 뿌리내려 있었다.

관료 문화 혹은 시장 문화와는 달리 가족 문화의 전형적인 특징은 팀워크, 경영 활동에 대한 직원들의 공동 참여, 직원에 대한 기업측의 배려 같은 것이었다. 특히 팀의 실적에 기초한 보수 제도, 함께 일할 동료의 고용에 대한 관여, 직원 스스로 자신의 업무 개선을 적극적으로 제안하는 품질관리 활동 같은 것은 매우 인상적이었다.

가족 문화의 기본적인 전제는 팀워크와 직원들의 역량 개발을 통해 최상의 조직 환경이 만들어질 수 있다고 보는 것이다. 인간미 넘치는 일터 문화를 만드는 것이 기업의 기본적인 활동 중의 하나이다. 나아가 경영관리에서 중점을 둬야 하는 것은 직원들의 의욕, 조직 참여, 헌신의 촉진과 강화이다.

물론 이 같은 경영관리에 대한 관심과 주장이 과거 미국 사회에서 전혀 없었던 것은 아니다. 맥그리거D. McGregor는 이미 『기업의 인간적 측면The Humanside of Enterprise』과 같은 저서를 통해 경영관리에서 인간관계를 중시해야 한다는 주장을 해온 바 있다. 그러나 미국과 유럽의 일반적인 기업에서는 1970년대 후반 혹은 1980년대가 되고 나서야 비로소 가족 문화라는 것이 비즈니스 성공을 위해 매우 중요하다는 것을 확고히 인식하게 되었다. 그 배경에는 제2차 세계대전 이후 일본 기업들이 보여준 눈부신 고도 성장의 교훈이 있었다.

이 같은 이야기가 일본 기업의 조직 문화가 곧 가족 문화로 등식화되는 것을 의미하지는 않는다. 이후 미국 기업 중에도 지속적인 성장을 구가한 장수 기업들이 가족 문화의 핵심가치를 지향하고 그 특징적인 형태를 조직 속에 안착시켜왔다는 사실이 많은 연구자들에 의해 입증되었다. 전형적인 가족 문화는 다음과 같이 정리된다.

가족 문화의 특징
- 지향성 : 협력적인 조직
- 리더십 : 직원 의욕의 촉진, 온화한 지원자, 팀워크 개발자
- 가치 원천 : 헌신commitment
- 성과 창출 : 직원의 개발과 조직에 대한 참여를 통한 성과 확대

가족 문화가 성공적이기 위해서는 직원 개개인의 역량 개발과 팀워크 및 적극적 참여 구조의 개발이 필요하다. 특히 인사 시스템에서 직원들의 의욕에 대한 평가를 중시하고 오픈 커뮤니케이션open communication을 강화해야 한다.

2) 관료 문화

1960년대까지 조직 관리에 대한 대부분의 연구는 일종의 기본 전제를 가지고 있었다. 그것은 베버가 주창한 관료적 제도에 입각한 조직이야말로 안정적이고 효율적이고 일관성 있게 제품과 서비스를 만들어낼 수 있다는 믿음이었다.

베버는 유럽의 정부 조직을 연구했다. 그는 규칙, 계층분화, 소유권의 분리, 능력주의, 전문분화와 같은 것을 관료적 제도의 고전적 속

성으로 정리했다. 그리고 이런 속성을 가진 관료적 조직이야말로 당시 모든 조직들의 당면 과제를 해결하는 데 최적이라고 주장했다.

사실 베버가 관료적 조직을 이야기할 당시에는 조직의 외부 환경이 지금과 비교하면 훨씬 안정되어 있었다. 조직의 역할 기능을 통합 조정하거나 제품 서비스의 균일성을 유지하거나 직원과 그들의 업무를 관리하기가 상대적으로 쉬웠다. 따라서 명확한 의사결정 권한, 표준화된 규칙과 절차, 규정에 따른 관리가 성공을 향한 중요한 열쇠로 인식되었다.

관료 문화의 전통은 뿌리가 깊어 오늘날에도 주변에서 얼마든지 찾아볼 수 있다. 또 다른 어떤 문화를 지향하는 조직이든 그 하부에 관료 문화를 갖는 것이 오히려 적합한 전문 조직을 두고 있는 경우가 많다. 오늘날 일반적으로 이야기되는 관료 문화의 특징은 다양한 규정 절차, 복잡한 계층구조, 규정 중시 같은 것이다. 포드 자동차의 경우 한때 관리 계층이 17단계였던 적도 있었다.

이 같은 조직에서 유능한 리더는 하부 조직의 상호 관계를 원만히 조정하거나 내부에서 문제가 발생하지 않고 업무가 물 흐르듯 이어지도록 관리하는 사람이다. 이를 위해 조직에 요구되는 장기적 과제는 안정적 기반 위에서 예상한 대로 제품과 서비스를 만들면서도 효율성을 유지하는 것이다. 명확한 규정과 방침이야말로 조직을 결속시키는 원동력이 된다. 관료 문화를 정리하면 다음과 같다.

관료 문화의 특징
- 지향성 : 관리적 지배적인 조직
- 리더십 : 조직 활동의 조정자, 감독자 혹은 결정자 역할

- 가치 원천 : 효율성, 적시성, 일관성
- 성과 창출 : 효율적 관리와 신뢰할 수 있는 업무 프로세스를 통한 성과 확대

성공적인 관료 문화를 위해서는 업무 프로세스에 대한 강한 통제와 실수를 발견하고 현상을 측정하는 조직적인 역량의 강화가 요구된다. 이를 위해 문제해결과 품질향상을 위한 다양한 도구가 조직 내에서 자유자재로 사용될 필요가 있다.

3) 시장 문화

1960년대 후반 기업 조직들은 과거와는 전혀 다른 경쟁 환경에 직면하게 되었다. 일관성 있게 표준화된 규정과 절차에 따라 제품과 서비스를 관리하는 것이 조직 성과에 유효했던 대량 생산 시스템의 시대가 마무리되고 있었다. 이에 대응하여 관료 문화와는 다른 문화를 갖춘 조직이 등장하기 시작했다. 시장 문화 조직이었다. 여기서 시장 문화란 조직 자체가 시장으로서 기능하려는 문화적 경향성을 드러내 보이고 있음을 의미한다.

윌리엄슨O. Williamson과 오우치 등은 새로운 문화를 갖춘 조직이 기본적으로 관료 문화와는 다른 요소를 가지고 조직의 유효성을 판단하고 있는 것으로 보았다. 그중에서도 가장 중요한 것은 거래비용 transaction cost이었다. 시장 문화 조직은 내부에서 발생하는 문제보다도 시장 경쟁자 혹은 다양한 시장 참여자 등에 주의를 기울였다. 이들과의 거래 관계 유지에서 최적의 효율성을 추구했다. 시장 문화 조직이 중시하는 가치는 경쟁우위의 확보와 생산성의 향상이었다. 수익

성, 당기순이익, 틈새시장 장악, 충성고객의 확보, 도전 목표의 달성을 제1의 목표로 삼았다. 항상 조직 외부자와의 관계와 시장 포지셔닝을 명확하게 유지하고자 했다. 그것에 연계된 조직 내부 관리가 이어졌다.

시장 문화의 대표적인 조직으로는 잭 웰치 시절의 GE를 들 수 있다. GE는 1980년대를 보내며 시장에서 1위 혹은 2위가 아닌 사업은 모두 포기한다는 명확한 전략을 펼쳤다. 웰치는 21년 동안 CEO로 일하면서 300개 이상의 사업을 매각한 것으로 유명하다. 경쟁우위를 지상 과제로 삼아 결과에 초점을 두는 적극적인 문화를 만들었다. 가장 이상적인 시장 문화이다. 시장 문화의 주요 측면은 다음과 같다.

시장 문화의 주요 측면
- 지향성 : 시장지배적 경쟁적 조직
- 리더십 : 높은 목표 제시와 생산적 경쟁 촉진자
- 가치 원천 : 수익성, 시장점유율, 목표 달성
- 성과 창출 : 적극적 경쟁과 고객지향적 조직 운영을 통한 성과 확대

시장 문화를 통한 성공은 고객 혹은 공급자와의 우호적인 관계 정립, 고객 니즈의 정확한 파악, 경쟁 강화를 위한 생산성 향상 등에 좌우된다. 이와 함께 전략적 마인드라는 조직 역량이 어떤 문화에서보다도 강조될 수밖에 없다.

4) 혁신 문화

혁신 문화 조직은 지식정보화 시대로의 전환이라는 패러다임 변화에 대응하는 과정에서 출현했다. 혁신 문화 조직에서는 다수의 구성원이 프로젝트 팀이나 태스크 포스 활동에 참여한 후 미션이 종료되면 자동적으로 해산한다. 혁신 문화 조직은 지속적인 혁신을 지향한다.

혁신 문화는 일찍이 없었던 급속한 경영 환경의 변화에 가장 적절히 대응할 수 있는 조직 문화 형태란 인식에 따라 21세기를 대표하는 지위를 확보하게 되었다. 이들이 전제로 받아들이는 조직 성과의 유효성은 혁신적이고 선구적으로 주도권을 장악하는 데 있다. 따라서 조직의 경영 활동은 성장 동력이 되는 새로운 제품이나 서비스를 개발하여 미래를 대비하는 데 초점이 맞춰진다. 관리의 목표는 기업가 정신과 창조적 역량을 강화하여 조직을 활성화시켜 나가는 것이다.

국내 굴지의 이동통신업체가 이른바 '야생형 인재'를 선발하고자 했던 것도 조직 문화를 혁신 문화로 전환시키기 위한 중장기적 전략의 일환으로 볼 수 있다. 선발된 인재는 벤처기업 운영자, 특허를 7개나 출원한 엔지니어, 아프가니스탄 파병 경력자, 로키산맥을 노숙하며 넘은 사람 등으로 과거의 인재와는 전혀 다른 성향이었다. 이들은 극세척도(克世拓道 : 세상을 극복해 새로운 길을 개척한다)라는 가치를 내건 신입사원 연수 프로그램을 거쳤다. 그 지향점은 혁신 문화와 일맥상통한다.

혁신 문화 조직은 소프트웨어 개발이나 싱크탱크 영화산업과 같은 업종에서 빈번하게 발견된다. 조직의 권력이나 권위를 특정인에게 집중시키는 것이 아니라 각각의 상황에서 다루는 이슈에 맞춰 유연하게 전환시키는 특징을 보인다. 혁신 문화의 특징을 정리하면 다음과 같다.

혁신 문화의 특징
- 지향성 : 창조적인 조직
- 리더십 : 혁신적인 기업가, 비전 제시자
- 가치 원천 : 변혁, 기민함, 민첩성
- 성과 창출 : 비전, 혁신, 새로운 자원 개발을 통한 성과 확대

혁신 문화의 성공을 위해서는 무엇보다 경영 환경 변화에 대한 예측, 새로운 기준의 창출, 지속적 개선과 창의적인 해결책을 찾는 정서 등이 필요하다. 시시각각 조직 변혁을 이끄는 리더십 역량이 강조될 것이다.

경향성으로 이해하는 문화 – 트롬페나스의 모델

●

트롬페나스에 따르면 순수하게 어느 한 가지 형태만 보이는 조직 문화라는 것은 거의 존재하기 어렵다. 대체로 여러 가지 유형이 조직 속에 혼재되어 있거나 혹은 지배적인 유형의 문화를 기반으로 해서 다른 문화가 중첩되어 있다.

트롬페나스는 조직 문화 타입을 4가지로 분류했다. 평등주의와 계층주의, 인간지향과 과업지향을 두 개의 축으로 삼았다. 그는 조직 문화를 형성하는 요인으로 기술과 시장의 중요성 못지않게 리더와 구성원이 가진 문화적 경향 혹은 선호에 주목한다.

각각은 가족형, 에펠탑형, 유도 미사일형, 보육기형의 문화로 명명된다. 여기서 가족형, 에펠탑형, 유도 미사일형 문화는 캐머론과 퀸의 분류에서 등장하는 가족 문화, 관료 문화, 혁신 문화와 유사한 측면이 있다. 언뜻 보기에는 분류된 조직 문화 유형이 매우 유사해 보이기는 하지만 두 경우에서 연구의 출발점은 분명히 다르다.

캐머론과 퀸은 조직 문화를 구성하는 다양한 요인 중에서 조직 성과에 대한 기본적 가정의 차이에 주목했다. 반면 트롬페나스는 글로벌한 문화 비교를 통해 조직과 구성원이 가진 문화적 경향이나 선호의 명확한 차이에 근거하여 분류 축을 설정했다.

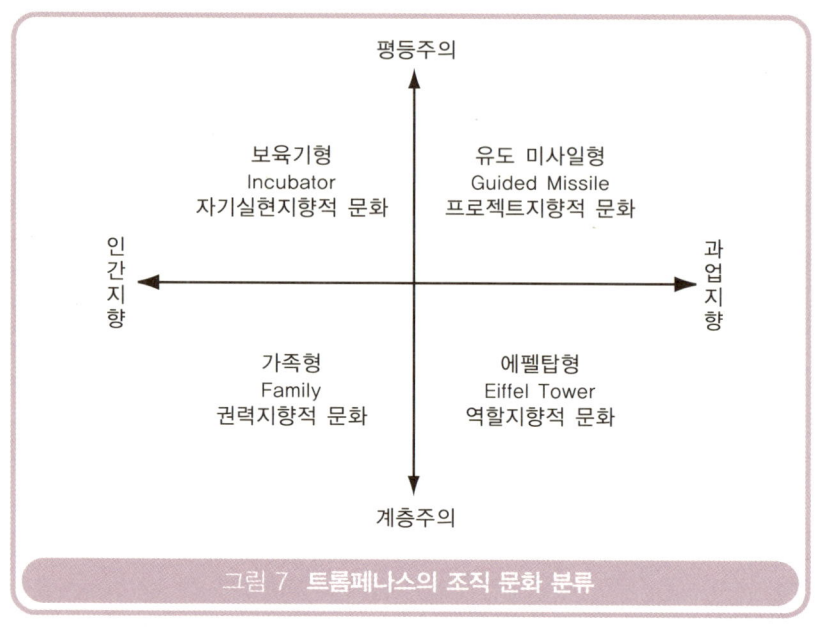

그림 7 **트롬페나스의 조직 문화 분류**

트롬페나스에 따르면 조직 문화의 타입별로 구성원들의 사고방식, 학습 방식, 변화 방식, 동기부여 방식, 인정 방식, 갈등해결 방식에는 상당한 차이가 있다.

한편 그는 정형화된 프레임으로 조직 문화를 분류하는 것은 매우 복잡한 조직 문화의 구성 요인을 지나치게 단순화시켜 고정관념에 빠지게 하는 위험성을 가지고 있다고 지적한다. 그럼에도 불구하고 복잡한 요인에서 영향도가 높은 요인을 정의하지 않고는 조직 문화를 비교 진단하기가 불가능하다. 조직 문화의 특징을 이야기한다는 것은 일정 정도 비교 분석을 전제로 하기 때문이다. 트롬페나스가 분류한 문화 유형은 다음과 같다.

1) 가족형 문화

가족형 조직 문화는 친밀도 높은 인간관계에 기초한다는 측면에서 인간지향적이다. 연장자 혹은 상사에게 경험, 노하우, 기간 등을 기준으로 강력한 권한이 주어진다는 측면에서 계층주의적이다. 이 같은 문화에서는 항상 계약과 협정에 의해 의무화된 것 이상의 어떤 것을 주고받는 것이 당연시된다.

가장 이상적인 관계는 선배와 후배이며 두 사람은 순수한 직장의 상사와 부하 혹은 동료 이상의 관계를 맺는다. 업무의 중요성은 사안에 따라 결정되는 것이 아니라 참여하는 사람에 따라 달라진다. 사장이 참여하기 때문에 회의가 중요한 것이지 다루는 의제가 중요한 것은 아닌 셈이 된다. 흔히 가족형 조직 문화라고 하면 한국이나 일본의 조직 문화를 떠올리지만 유럽의 그리스, 이탈리아, 스페인의 조직에서도 많다.

실제 컨설팅 현장에서는 문화적 경향이나 선호는 그대로 유지되면서 조직 운영 형태만 달라서 생기는 갈등 상황을 자주 목격하게 된다. 예컨대 가족형 조직 문화에서는 나이 어린 팀장이 부임한다는 것은 연장자에게 '나가라'는 의미이다. 또 기능상의 권한 이전으로 인해 어느 부서의 부장이 다른 부서의 대리에게 지시를 받게 되는 경우 조직 내부에는 갈등이 고조되고 이로 인해 역량이 낭비된다.

2) 에펠탑형 문화

에펠탑형 문화는 관료 문화이다. 다양한 역할과 기능의 관료적 하부 조직이 사전에 규정된다. 역할의 부여와 실행은 조직 설계에 따라 이뤄진다. 에펠탑형 문화는 가족형 문화와는 큰 차이가 있다. 무엇보다 규정과 절차에 입각한다는 점이다. 상사는 부하가 해야 하는 업무에 대한 법적 권한에 근거하여 조직을 끌어간다. 상사 역시 조직 내부에서 본질적으로 역할에 의해서 의미를 갖는다.

예를 들어 상사가 어느 날 갑자기 교통사고로 사망했다고 해도 다른 누군가가 그 역할을 대신하면 된다. 따라서 조직에 어떤 변화도 생기지 않는다. 이런 문화는 경직된 모습을 보이기 쉬우며 신제품 개발과 같이 계층적으로 조정된 역할과 일치하지 않는 목표가 주어졌을 때는 별도의 개발팀을 가동시키곤 한다.

3) 유도 미사일형 문화

유도 미사일형 조직 문화는 평등주의에 입각한 관계 형성과 조직 운영을 선호한다. 이런 측면에서 가족형과 에펠탑형 문화와는 큰 차이를 보인다.

유도 미사일형 문화 조직에서는 리더 혹은 조정자를 두는 것이 일반적이다. 그들의 궁극적인 임무는 최종적인 결과물의 조합에 있다. 상대적으로 제너럴리스트적인 성격이 강해서 각 분야의 스페셜리스트와 비교하면 전문 지식이 부족하다. 따라서 각 전문가 전원을 지극히 존중하게 된다.

4) 보육기형 문화

보육기형 조직 문화의 기본적인 사고방식은 개개인의 가치를 조직보다 우선시한다. 조직은 구성원의 자기실현을 위한 보육기와 같은 역할을 해야 한다. 개인을 표준화된 규정과 절차에 따라 기계처럼 움직이는 영역에서 해방시켜 보다 창조적인 활동에 종사하도록 하는 것

표 2 **트롬페나스의 조직 문화 유형별 주요 특징**

	가족형	에펠탑형	유도 미사일형	보육기형
구성원 상호 관계	연으로 묶이는 사회 유기체적인 관여 확산적 관계	기계적 시스템과 같은 관여 특정적 관계	사이버 시스템과 같은 관여 특정적 관계	창조 과정에서 강화되는 자발적 관여 확산의 관계
권한에 대한 태도	지위는 친밀하고 권력이 있는 부모와 같은 상사에게 부여	지위는 소원하지만 권력이 있는 상사의 역할에 부여	지위는 목표달성에 공헌하는 프로젝트팀의 구성원이 획득	지위는 창조성과 성장을 구현하는 개인이 획득
사고와 학습 방법	직감적·전체적 횡단적·수정적	논리적·분석적 합리적·효율적	과제중심적·전문가적·실리적 학문분야 횡단적	과정지향·창조적·잠정적·영감적
구성원에 대한 태도	가족 구성원	인적자원	스페셜리스트 혹은 전문가	공동창업자
변화 방법	아버지 역할자가 진로를 변경	규정 절차를 변경	목표에 따라 실행 전략을 수정	즉흥적으로 상황에 맞게
동기부여와 인정	존경과 존중을 통한 만족 추구, 주관에 의한 관리	높은 지위 큰 역할로의 승격, 규정에 의한 관리	업적 혹은 문제해결에 대한 승급 칭찬, 목표에 의한 관리	새로운 현실의 창조 과정에 대한 참가, 열정에 의한 관리

이 중요한 목적이다.

실제 보육기형 문화에는 거의 아무런 구조가 보이지 않으며 최소한의 구조는 개인의 조직 활동을 지원하는 편의 제공 차원에서 존재한다. 미국 실리콘 밸리 지역의 많은 벤처 기업이 이런 특징을 보인다. 기본적으로 창조와 혁신의 과정을 즐기는 문화이다. 친밀한 인간관계, 공유된 비전, 높은 목표 등이 공통적으로 드러난다.

트롬페나스에 따르면 순수하게 어느 한 가지 유형에만 속하는 조직 문화는 존재할 수 없다. 여러 가지 유형이 조직 속에 혼재되어 있거나 혹은 지배적인 문화를 기반으로 다른 유형의 문화가 중첩되어 있다. 그럼에도 불구하고 4가지 유형 중에서 어느 한두 가지가 기업 조직을 지배한다는 것은 분명하다.

개별 조직별로 혹은 조직 문화적으로 다뤄지는 사안별로 정도의 차이는 있지만 대다수 한국 기업이나 정부 조직, 시민단체 등의 조직은 에펠탑형의 문화나 가족형 문화를 지배 문화로 한다.

이들 4가지 문화 유형의 주요 특징은 결국 국민 문화 차원에 비춰 비교하는 것이 쉽다. 표 2와 같이 각 유형의 문화는 구성원의 상호 관계, 권한에 대한 태도, 사고와 학습 방법, 구성원에 대한 태도, 변화 방법, 동기부여와 인정의 측면에서 서로 다른 견해를 보인다.

강한 조직 문화와 문화의 유지

●

일단 형성된 문화는 조직이 확대되면서 새롭게 유입되는 구성원들이 유사한 경험을 공유하는 과정을 거치면서 유지된다. 특히 인적자원의 관리를 위한 조직 운영 방식들은 전반적으로 문화의 유지 혹은 변화에 직접적으로 작용한다. 특히 큰 영향력을 미치는 것은 채용 방식, 경영층의 행동 방식, 구성원의 조직화 방식이다.

강한 조직 문화는 조직을 이끌어가는 리더나 CEO가 원하는 주요 자산 중의 하나이다. 따라서 전략적인 경영관리의 대상으로 그 중요도가 높아지고 있다. 조직 문화가 강하다는 것은 조직이 지향하는 중심적 가치관(핵심가치와 같은 것)이 구성원 내부에 폭넓게 공유되어 있고 나아가 구성원의 사고와 행동을 통해 보다 뚜렷하게 드러나는 것을 의미한다. 물론 반대로 약한 조직 문화는 가치관의 공유와 영향이 애매하고 불명확하며 일관성을 보이지 않는 특징이 있다.

강한 조직 문화는 구성원 상호 간에 조직을 삶의 터전으로 받아들이는 강한 일치가 존재한다. 구성원의 조직 이탈을 직접적으로 감소시키는 주요 요인이 된다. 강한 일치가 단결, 헌신, 적극적 참여를 끌어내 긍정적인 성과로 나타난다.

조직이 현재 시점에서 보여주는 관행이나 일하는 방식은 과거 조직이 어느 정도로 성공적인 성과를 달성하였는가에 크게 좌우된다. 대개 조직 문화는 창업자가 가지고 있었던 가치관과 사고방식으로 귀결된다. 창업자는 자신이 가지고 있었던 조직 비전, 바람직한 조직 형태, 조직 내외부의 여러 가지 현상에 대처하는 방식을 독창적인 사고로 결정함으로써 조직의 초기 문화를 정착시켰을 것이다. 창업자의 가치관과 사고는 일찌감치 조직에 합류한 초기 구성원들의 개별적인 경험과 상호 작용을 하면서 조직 문화의 틀을 만든다.

일단 형성된 문화는 조직이 확대되면서 새롭게 유입되는 구성원들이 유사한 경험을 공유하는 과정을 거치면서 유지된다. 특히 인적자원의 관리를 위한 조직 운영 방식들은 전반적으로 문화의 유지 혹은 변화에 직접적으로 작용한다. 채용 방식, 업적 평가 기준, 승진 보수 등을 포함한 인정의 방식, 조직 역량개발 방식 등이 구체화된 형태이다. 특히 조직 문화의 유지 강화에 큰 영향력을 미치는 세 가지 조직 운영 방식은 채용 방식, 경영층의 행동 방식, 구성원의 조직화 방식이다.

채용의 목적은 조직에서 요구하는 직무를 충실히 실행할 수 있는 수준의 지식, 스킬, 능력을 겸비한 인재를 고용하는 것이다. 어떤 종류의 지식 스킬 능력인가는 개별 조직이 지향하는 바에 따라 결정될 수밖에 없다. 이런 결정을 위해 사전에 조직의 핵심가치와 인재상 같은 채용의 기준이 되는 명시화된 조직 문화 방향을 구축하려는 노력이 국내외적으로 있어 왔다. 특히 한국 기업들이 최근 수년 동안 보여준 채용 형식의 파괴는 매우 급격했다. 과거에는 학력 수준, 보유 지식과 기본적인 태도를 기준으로 삼았다. 하지만 이제는 보다 세분화되어 역량, 독창적인 경험, 인성과 적성을 함께 고려하고 있다. 사우스웨스트항공의 CEO였던 허브 켈러허는 '채용은 강의 상류와 같은 것'이라는 표현으로 그 중요성을 강조한 바 있다. 상류가 오염되면 하류는 언젠가 반드시 오염될 것이란 이야기다. 조직 문화를 비롯한 조직 전반의 성과에 미치는 채용의 중요성을 잘 대변한다.

경영층의 행동 방식이 조직 문화의 유지 변화에 큰 영향을 준다는 것은 부연의 필요도 없다. 특히 한국 문화처럼 권력 거리가 크고 권력 집중적인 특징을 보이는 조직에서는 윗사람의 사고와 행동 방식이 결정적이다. 예컨대 대체적으로 한국 조직 문화에서는 회의의 주제보다는 참여하는 인물의 중요도가 더 중요하다. 경영층이 어떤 회의에 참석하느냐는 곧 조직에서 어떤 이슈를 중요하게 여기는지를 반영한다.

물론 경영층의 행동 방식이 갖는 중요성은 정도의 차이일 뿐 외국 기업에서도 마찬가지다. 일종의 불문율 형태의 기준을 설정하는 기능을 하게 된다. 위험의 회피 성향, 관계의 유연성, 적절한 복장, 인정의 대상이 되는 행동 등 기준 대상은 다양하다.

조직화 과정은 새로 고용된 신규 유입자가 조직의 일원으로 재탄생하는 과정이다. 조직이 지향하는 바에 따라 채용되었다고 해서 그 사람이 조직 문화에 충분히 동화된 것은 아니다. 새로운 구성원은 조직 문화에 익숙한 정도 혹은 문화적 양상을 당연시하는 정도가 떨어질 수밖에 없다.

대부분 조직은 조직화 과정의 일환으로 신입 직원의 연수 프로그램을 운영하고 있다. 사실 수개월에 지나지 않는 교육 행동 프로그램을 통해 문화적 동화가 일어나기를 기대하는 것은 무리이다. 보다 일상적인 조직 생활에 밀착된 형태의 조직화 프로그램과 반복적이고 주기적이며 중장기 로드맵을 가지고 진행되는 조직화 프로세스로 옮겨가야 한다.

일하기 좋은 기업은
만국 공통인가

●

로버트 레버링은 전반적인 경기침체 속에서도 좋은 성과를 달성하고 있는 미국 기업을 찾아다니며 공통된 특징을 조사하고 있었다. 그는 1년 동안 조사한 것을 종합하다가 이상한 모순을 발견했다. 왜 똑같은 스톡옵션이라는 제도인데, 한 회사에서는 그것 때문에 일하는 문화가 좋아지고 다른 회사에서는 그것 때문에 일하는 문화가 안 좋아진 것일까. 최근 조직 문화의 바람직한 모델로 각광받는 GWP 개념은 여기에서 비롯되었다.

1982년 로버트 레버링 박사는 오하이오 주의 어느 기업을 방문했다. 그는 전반적인 경기침체 속에서도 좋은 성과를 달성하고 있는 미국 기업을 찾아다니며 공통된 특징을 조사하고 있었다. 레버링은 한 직원에게 물었다.

"당신의 회사는 아주 일하기 좋은 곳이라고 하더군요. 정말 그렇습니까?"

직원은 주저 없이 답변했다.

"예, 우리 회사는 아주 좋은 곳입니다. 자율적으로 서로 배려하면서 일하는 문화입니다. 우리는 사장님을 신뢰합니다. 최근에는 스톡옵션stock option이라는 제도가 생겨서 일하는 분위기가 더 좋아졌습니다. 각자 회사에 기여하는 정도에 따라 공정하게 수익을 배분받을 수 있으니까요."

레버링은 직원이 하는 말을 그대로 받아 적었다. 그리고 수개월 후 이번에는 텍사스 주에 있는 또 다른 기업을 찾아갔다. 역시 아주 좋은 회사로 알려진 곳이었다. 그는 마찬가지로 한 직원에게 물었다.

"당신 회사는 아주 평판이 좋습니다. 팀워크를 발휘하여 다들 열심히 일하기 때문에 조직 성과도 아주 좋다고 하더군요. 정말 그렇습니까?"

직원은 잠시 머뭇거리다가 말했다.

"외부에는 그렇게 알려져 있지만, 내막을 들여다보면 우리 회사는 그다지 추천할 만한 곳이 못 됩니다. 직원들은 이기적이고 공격적입니다. 파벌 다툼이 심하고요. 최근에는 스톡옵션이라는 제도가 생겨서 일하는 분위기가 더 나빠졌습니다. 경영진이 주로 자기 라인이라고 편애하는 사람들에게 나눠줬으니까요."

레버링은 이 직원이 하는 말도 빠짐없이 받아 적었다. 그리고 기록은 한동안 잊고 있었다. 그는 연말에 1년 동안 조사한 것을 종합하다가 이상한 모순을 발견했다. 왜 똑같은 스톡옵션이라는 제도인데 한 회사에서는 일하는 문화가 좋아지고 다른 회사에서는 일하는 문화가 안 좋아진 것일까.

최근 조직 문화의 바람직한 모델로 각광받는 일하기 좋은 기업 (GWP : Great Work Place)의 개념은 당시 레버링이 느꼈던 모순에서 시작되었다. 그는 제도 자체도 중요하지만 그것 이상으로 제도를 매개로 하여 형성되는 조직 내부의 관계를 질적으로 제고시키는 것이 일류 조직 문화의 핵심이라고 생각했다. 이후로도 그는 현장 조사를 위해 10여 년을 더 뛰어다녔다. 그는 상하간의 신뢰Trust, 업무에 대한

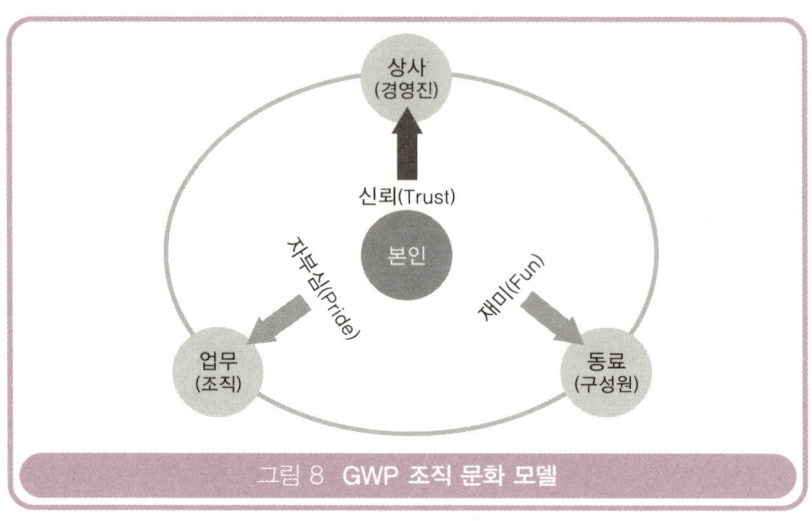

자부심Pride, 동료들 간의 일하는 재미Fun로 요약되는 GWP 조직 문화 모델을 주장했다.

레버링은 신뢰, 자부심, 재미 중에서도 신뢰의 중요성을 강조했다. 그는 일터 현장에 대한 관찰과 분석을 통해 사람들의 자부심이 상처받는 상황이나 일하는 재미가 반감되는 순간은 대체로 상사와의 관계에 의해 영향받는다는 것을 지적했다. 사람들은 작은 일이라도 자신의 업무에 대해 개인적으로 자부심을 가지고 임하지만 상사가 그 업무의 가치와 의미에 대해 낮은 평가를 은연중에 드러내기 때문에 자부심이 점차 사라진다는 것이다.

레버링은 어떤 기업이 GWP 기업인가를 보다 효과적으로 조사하기 위해 협력자들의 힘을 빌어 조사 도구(설문도구와 진단도구)를 개발하고 이를 활용해서 일반인 구직자들이 참고할 수 있는 미국의 일하기 좋은 기업들을 선정해서 책으로 출간했다. 이런 노력은 GWP 개념이 미국의 유명 경영지인 『포천』의 선택을 받으면서 빛을 보게 되었다. 1998년 이후 미국의 GWP 기업을 매년 조사 선정하여 '포천 100대 기업'이란 이름으로 발표하기에 이른 것이다. 매년 포천 '100대 기업'에 선정되는 곳은 구글, 인텔, HP, 페덱스, 마이크로소프트, SAS 등 미국이 자랑하는 글로벌 기업들을 비롯해 J. M. 스머커, TD 인더스트리즈, 에드워드 존스 등 이름도 생소한 기업에 이르기까지 매우 다양하다.

나는 2002년 '포천 100대 기업'의 선정 방식을 그대로 따르는 '대한민국 훌륭한 일터'란 선정 제도를 만들어 5년간 프로젝트를 총괄 실행한 바 있다.

당시 국내의 많은 기업들은 개인별 성과에 따라 차별적 보상을 실시하는 성과관리시스템 도입에 열을 올리고 있었다. 이는 연공서열 중심의 안이한 조직 문화를 타파하고 성과주의 문화를 정착시키는 데 일조한 것이 분명하다.

그러나 부작용도 만만치 않았다. 필요 이상으로 심화된 개인 간 경쟁은 한국의 문화적 경향성을 무시한 개인주의를 부추겨 메마른 조직 문화를 만연시켰다. 평생 직장 개념이 사라지면서 이직률은 높아졌고 구성원 간의 협력과 화합을 이끌 수 있는 모티프가 절실히 요구되었다.

'대한민국 훌륭한 일터' 선정은 조직 문화 차원의 고민에 빠져 있던 많은 기업들의 주목을 받게 되었다. 프로젝트를 총괄하면서 많은 한국 기업 조직의 문화를 진단하고 신뢰 수준을 측정할 수 있었다. 레버링이 '당신의 회사는 정말로 일하기 좋은 곳인가'라는 질문을 통해 공통점을 찾아낸 것처럼 나는 '당신은 왜 일터에서 재미를 느끼지 못하는가'라는 질문으로 인터뷰를 하면서 오늘날 조직 생활을 하는 사람들이 가진 초조함과 무료함을 발견했다.

그러나 점점 한국의 조직 문화적 특성을 반영하지 않고 오로지 한 가지 설문 조사를 통해 신뢰 수준을 상대 비교하는 것에 의구심을 갖게 되었다. 조직 문화라는 측면에서 글로벌 스탠더드를 이야기하는 것이 정말로 타당한 것인가 하는 의구심이었다. 물론 신뢰와 같은 보편적 가치는 모든 조직에 필수 불가결하다. 그러나 실제 경영 현장에서 신뢰를 높여나가는 방법에 대해서는 각 문화의 독특한 경향을 무시해서는 안 된다. 그래서 나는 한국의 기업 현장에서 실제 적용 가능한 한국형 GWP 구현 방법론, 조직 문화, 변화관리 방법론에 대한 경험과 노하우를 축적해왔다.

신뢰와 다양성 –
보편적 가치와 시대적 가치

●

조직 문화에서 신뢰는 구성원의 신뢰를 받기 위해 조직이 보여줘야 하는 행동이다. 그런 행동은 상사를 통해서 표출된다. 신뢰는 믿음credibility, 존중respect, 공정성fairness의 측면에서 따지게 된다.

일하기 좋은 기업의 조직 문화 핵심 가치는 신뢰, 자부심, 재미이다. 그중에서도 가장 중요한 가치는 신뢰이다. 신뢰는 비단 조직 문화에서만 필요한 것이 아니라 인간이 관여하는 모든 공동체 생활에서 필요하다.

이른바 '죄수의 딜레마'는 신뢰 문제를 설명하면서 자주 거론되는 사례다. 경찰이 따로따로 감옥에 갇힌 두 용의자에게 제안하는 것으로 시작된다.

"만일 두 사람 모두 아무도 말을 하지 않으면 당신들은 각각 2년의 징역형에 처해진다. 그러나 한 사람이 다른 사람을 고발하고 상대방은 아무 말도 하지 않으면, 고발한 사람은 풀려나고 아무 말도 안한 사람은 5년의 징역형을 받는다. 또 두 사람이 서로 상대방을 고발하면 둘 다 4년의 징역형을 받게 된다."

두 사람이 똑같은 제안을 받았다는 사실을 서로 알고 있다고 가정할 때 어떤 결과가 벌어질까.

'만일 저 친구가 이 제안을 받아들여 나를 고발하면 그는 풀려나는데 나는 5년을 감옥에서 살아야 해. 이건 너무 부당한 일이야. 반대로 내가 그를 고발하면 나는 풀려나게 될지도 몰라. 우리 중의 하나가 풀려날 수 있는데 굳이 둘 다 벌을 받을 필요는 없지.'

실험 대상자의 대다수는 상대방을 고발하는 것으로 나타났다. 하지만 상대방도 똑같은 생각을 하기 때문에 결국 두 사람 모두 4년 징역형을 받게 된다. 만일 두 사람이 서로를 신뢰하여 모두 침묵을 지켰다면 각각 2년 형이라는 최선의 결과를 만들 수 있었을 것이다. 그러나 결국은 신뢰 부족이 정반대의 결과를 낳은 것이다.

신뢰에 관한 연구로 유명한 저서는 후쿠야마의 『트러스트-사회 도덕과 번영의 창조』란 책이다. 후쿠야마는 막연히 도덕적이고 추상적인 개념이었던 '신뢰'를 사회적 자본으로 자리매김시킨 장본인이다. 주요 내용은 '사회적 자본으로서의 신뢰가 공동체의 성장과 번영을 결정하는 근본적인 원동력'이라는 것이다.

한국은 이 책에서 혈연, 지연, 학연 등으로 연결되는 1차적 집단을 벗어나면 신뢰가 급격하게 떨어지는 대표적인 사회로 규정된 바 있다. 실제 KDI(한국개발연구원) 국내 싱크탱크에서 내놓는 유사 보고서에서도 한국의 사회적 자본은 매우 빈약한 것으로 나타난다.

사실 신뢰가 중요하다는 것은 부연 설명이 필요 없다. 신뢰의 경제적 가치는 계량적인 분석을 통해 산출하기도 하지만 그보다는 정성적인 효과만으로도 신뢰의 중요성을 이해하기에 충분하다. 일반적으로 신뢰가 떨어지면 속도가 느려지고 비용은 증가한다. 9·11테러 이후 미국의 공항 통과에 소요되는 시간과 비용 증가를 보면 알 수 있다. 미국 당국으로서는 여행객들 중에 테러범이 있을지도 모른다는 의심이 클 수밖에 없기 때문에 이중 삼중으로 공항 검색을 강제하게 된다. 이는 과거 1시간도 채 걸리지 않았던 공항 통과 시간을 3시간 정도로 늘어나게 만들었다. 게다가 보안 요원을 비롯해 적외선 투시기 같은 검색 장비를 투입하다 보니 비용 역시 증가하였다. 물론 반대로 신뢰가 높아지면 속도는 빨라지고 비용은 감소할 것이다. 신뢰가 거래비용을 감소시킨다는 것은 대부분의 학문 영역에서 인정하는 사실이다.

신뢰는 어떻게 정의될 수 있을까. 내가 정의하는 신뢰는 '상대방이 보여주는 일관된 행동의 누적을 통해 형성되는 상대방의 미래 행동에 대한 믿음'이다. 예컨대 옆집 사람이 지난 수년 동안 돈을 빌려가고 나서 항상 약속한 날짜에 어김없이 갚아왔다면 앞으로 돈을 빌려주더라도 분명히 갚을 사람이라는 믿음이 생긴다.

국내외를 불문하고 대형 사기 사건의 공통점은 초반에는 약속을 잘 지켜 신뢰를 쌓는다는 점이다. 고수익을 보장한다는 약속을 지키기 위해 최소한 몇 달 동안은 연리 20~30%의 높은 이자를 꼬박꼬박 챙겨준다. 그렇게 일관된 약속 이행으로 신뢰가 쌓였다고 판단되었을 즈음, 더 매력적인 투자처가 있다고 상대방을 꼬드겨 거액을 빌린 후 달아나버린다.

이렇게 볼 때 신뢰를 정의하면서 빼놓을 수 없는 첫번째 요건은 일관성이다. 일관성은 곧 예측가능성으로 연결된다. 기상청 예보관이 하루는 날씨를 잘 맞추고 하루는 엉뚱하게 틀려버린다고 해보자. 어느 순간 사람들은 일기예보를 신뢰하지 않게 될 것이다.

두번째 요건은 말이 아닌 행동이다. 빌린 돈을 갚겠다고 말만 하는 것이 아니라 실제로 갖는 행동을 일관되게 보여줄 때 신뢰는 형성된다.

"가령 아이들의 수학 과외 선생님을 면접하고 있다고 생각해봅시다. 먼저 선생님의 의도를 파악해볼 것입니다. 단순히 돈만 벌려는 것인지, 아니면 정말로 아이에게 수학을 제대로 가르쳐보려고 하는 것인지 말입니다. 또 성실함을 보게 됩니다. 의도는 순수하지만 그것을 실천할 태도가 갖춰져 있는가를 보는 것입니다. 역량이 충분한가도 따져보겠지요. 수학을 가르칠 수 있을 만큼 전공 공부를 했다거나 경험이 풍부하다거나 하는 것을 검토하는 것입니다. 마지막으로 실제로 아이를 맡기고 몇 달이 지난 후 어떤 결과가 있었는가를 따질 것입니다."

나는 워크숍에서 신뢰를 설명할 때 이 같은 예를 들었다. 『신뢰의 조건』이란 책에서는 의도, 성실성, 역량, 결과를 가지고 신뢰를 말한다. 특히 개인적인 인간관계에서는 의도와 성실성을 더 중요시할 수 있다. 조직에서 신뢰를 받기 위해서는 역량을 갖추고 결과를 보여줘야 한다.

GWP 조직 문화에서 신뢰는 구성원의 신뢰를 받기 위해 조직이 보여줘야 하는 행동이다. 그런 행동은 상사를 통해서 표출된다. 신뢰는 믿음credibility, 존중 respect, 공정성fairness의 측면에서 따지게 된다. 신뢰가 중요하다는 것은 모두가 안다. 그러나 어떻게 하면 신뢰를 더 높일 수 있는가에 대해서는 지극히 일반적인 사항을 지적할 뿐 뚜렷한 방법을 제시하기 어렵다. 이는 각 문화마다 신뢰를 위해 바람직하다고 인식되는 구체적인 행동이 다르기 때문이다. 따라서 각 조직의 독특한 문화적 경향성을 반영하여 어떤 것이 신뢰를 받을 수 있는 행동인가에 대해 사전 정의를 명확히 하고 그것을 구성원 사이에 공유하는 선행 활동이 불가피해진다.

GWP 조직 문화를 위해 신뢰와 함께 요구되는 가치는 다양성이다. 다양성은 시대적 가치이다. 신뢰는 동서고금의 모든 조직에서 필수적인 보편적 가치다. 반면 다양성은 최근의 경영 환경에서 최적의 조직 문화를 갖추는 데 필요한 시대적 가치이다. 지식정보화 시대를 맞아 창의성에 대한 조직적 역량이 매우 중요한 경쟁우위 요소로 떠오르고 있다. 그런데 여기서 조직의 창의적인 역량은 조직 문화가 다양성의 토대 위에 있지 않고는 기대하기 어렵다. 국내외의 많은 조직이 겉으로는 다양성을 추구한다고 이야기하면서도 실제로는 그렇지 않다. 기본적으로 다양성의 관리는 획일성의 관리에 비해 시간과 비용의 측면에서 훨씬 어렵기 때문이다.

표면적으로 비춰지는 최고 수준의 저비용 고효율 조직 구조는 전체주의적인 조직이다. 히틀러와 같은 독재자에 의해 순식간에 의사결정이 이뤄진다. 그렇게 결정된 사안의 실행 또한 신속하며 일사불란하다.

반면 민주적인 조직은 의사결정 과정에서부터 많은 구성원이 참여하는 만큼 비용 요인을 안고 있다. 그럼에도 불구하고 저비용 고효율의 전체주의적인 조직이 민주적으로 운영되는 조직을 이기지 못하는 것은 조직 구성원의 자발적 참여와 그에 기초한 창의적인 활동을 담보하지 못하기 때문일 것이다.

한국의 문화는 전통적으로 집단(공동체)주의적인 경향성이 강했다. 그러나 최근 조직에 유입되는 인재들은 그런 전통적인 경향성에서 상당히 벗어나 있다. 이문화 접촉 기회가 증가하고 고학력자가 늘어남에 따라 자기 주관성이 커졌다. 따라서 향후 유입될 조직 구성원을 감안하더라도 조직 문화가 다양성이란 시대적 가치를 담아내지 못한다면 많은 부작용이 생길 것이다.

문제는 그렇게 유입되는 새로운 인재들마저도 기존 조직 구조와 조직 문화에 쉽게 동화되어버린다는 점이다. 즉 엄격한 직급 구조와 연공 중시의 문화 속에서는 권한이 약한 새로운 유입자가 자신의 문화적 특성을 그대로 유지한다는 것이 너무 어렵다.

"다양한 의견을 들어보려고 하지만 한마디로 '의견이 없다'고 이야기하는 문화에서 어떻게 해볼 재간이 없습니다."

조직 관리자는 너무나 쉽게 다양한 의견을 들어야 한다고 말한다. 하지만 실제 컨설팅 현장에서 부딪치는 고민은 의견이 없다며 체념해버리는 구성원들의 입을 어떻게 열게 할 것인가이다. 조화와 질서를 중시하는 집단주의적 문화에 동화되고 숨어버린 사람들이 적극적으로 의견을 표출하도록 만드는 것이야말로 다양성 추구를 위해 넘어야 할 산이다. 따라서 제도적인 변화를 연계시키는 가운데 기존의 지배 문화에 대한 강도 높은 변화관리가 필요하다.

선물 교환

●

포천 100대 기업의 조직 문화는 상하간의 강한 신뢰의 축적을 통해 구성원들이 자신의 업무에 자부심을 갖고 동료들과 재미있게 일하면서 조직과 업무에 대해 헌신과 몰입을 보일 수 있도록 외부적 자극을 효과적이고 지속적으로 제공하는 문화이다.

포천 100대 기업은 다양한 측면에서 벤치마크가 된다. 그중 특히 구성원을 동기부여함으로써 조직에 대한 자발적 헌신과 몰입을 끌어내는 독특한 조직 문화는 많은 기관들의 꾸준한 연구 주제였다.

먼저 몰입의 문제를 짚어보자. 조직이 성과를 기대하기 위해서는 직원의 업무 몰입도를 높여야 한다. 그러나 현실은 여의치 않다. 직장인들은 출근과 동시에 많은 업무와 접하게 된다. 익숙한 업무는 직원들을 매너리즘에 빠지도록 만들고 낯선 업무는 적지 않은 심적 부담을 준다.

나는 지난 8년 동안 변화관리 컨설팅을 통해 '몰입 체감의 법칙'을 정리했다. 즉 외부로부터의 적극적인 개입이 없다면 자연 연령이 높아짐에 따라 자신의 행위(일/업무)에 대한 몰입이 떨어질 수밖에 없다.

유년기 아이들에게는 뛰노는 것이 일이다. 동네 공터에서 신나게 놀고 있는 아이들을 관찰하다 보면 자신의 일(놀이)에 한껏 몰입되어

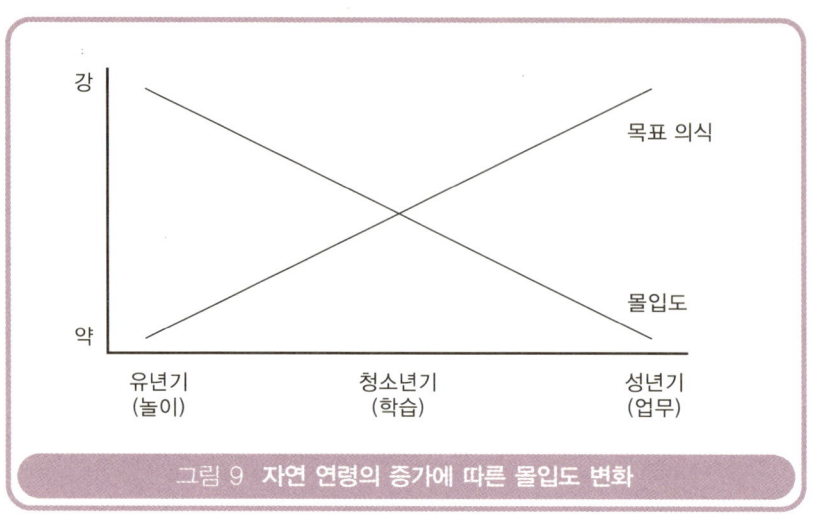

강

목표 의식

몰입도

약

| 유년기
(놀이) | 청소년기
(학습) | 성년기
(업무) |

그림 9 **자연 연령의 증가에 따른 몰입도 변화**

있다는 것을 느낄 수 있다. 한여름에는 땀을 뻘뻘 흘려가면서, 한겨울에는 꽁꽁 얼어붙은 손을 비벼가면서 아주 즐겁게 뛰논다. 그림 9에서 보는 것처럼 아이들은 강한 몰입을 보인다. 많은 기업에서 직원들에게 일을 놀이처럼 즐겨야 한다고 했던 주장은 아이들을 관찰한 결과와 같은 맥락이다.

아이들도 성장하여 중고등학생이 된다. 학생에게는 공부라는 일이 주어진다. 학생이 보여주는 행위(공부)에 대한 몰입은 유년기 아이들이 보여줬던 몰입에 비해 현저히 낮아질 수밖에 없다. 몰입을 방해하는 요인들이 늘어나기 때문이다. 연예계의 스타들, 오락실의 게임기, 버스에서 마주친 예쁜 여학생 등이 몰입을 방해하는 요인들이다. 그렇지만 변함없는 든든한 스폰서(부모)와 학업 및 생활을 지도하는 튜터(선생님)들이 몰입의 방해 요인을 극복할 수 있도록 물심양면으로 배려한다.

더 나이가 들어 성인이 된다. 학생에게 주어졌던 몰입 방해 요인은 성인이 되면서 대체로 극복된다. 정상적인 성인에게는 게임에 빠진다거나 팔등신 몸매의 영화배우에게 정신이 팔리는 등의 방해 요인들을 적절히 통제하는 능력이 생긴다. 그러나 학생시절의 몰입 방해 요인과는 비교할 수 없을 만큼 훨씬 강도 높은 새로운 몰입 방해 요인이 등장한다. 그것에서 자유로울 수 있는 사람은 거의 없다. 바로 성인에게 부여되는 다중적 역할이다.

본인은 한 사람의 성인이지만 감당해야 하는 역할은 자식으로서의 역할, 배우자로서의 역할, 부모로서의 역할, 친구로서의 역할, 직장인으로서의 역할 등으로 다양해진다. 아이에게는 보살핌이 있고 학생에게는 조건 없는 지원이 있다. 하지만 성인은 자기 책임하에 모든 역할을 수행해야 한다. 일부 기업에서 도입하는 멘토링은 무한정 기다려주는 것이 아니다.

기업은 직원들에게 전적으로 일(업무)에 몰입하라고 요구한다. 하지만 다중적 역할을 수행해야 하는 직원은 근무시간 중에도 눈치껏 자녀의 귀가를 신경 쓰고 배우자 생일 선물을 고민하고 노모의 건강을 챙기지 않을 도리가 없다. 당연히 업무에 대한 몰입은 놀이 혹은 공부에 대한 몰입에 비해 떨어질 수밖에 없다. 개인차는 있겠지만, 자연 연령의 증가에 따른 몰입 체감은 모든 사람에게 주어지는 동일한 조건이다.

떨어지는 몰입도를 보완해주는 것은 뚜렷한 목표 의식이다. 아이들은 강한 몰입 상태에서 뛰놀지만 그 놀이를 통해 무엇을 배워야 한다거나 친구를 잘 사귀어 놓아야 한다는 식의 목적을 갖지는 않는다. 그저 뛰노는 것이 즐겁고 모든 것이 신기하게 느껴질 뿐이다. 학생에게 주어진 일은 아이들의 놀이와는 다르다. 여러 가지 몰입 방해 요인에도 불구하고 흔들리지 않도록 다잡아주는 것은 '왜 공부를 해야 하는가' '왜 성적을 높여야 하는가'에 대한 생각의 정립이다. 그것은 지능지수 차이 이상의 결정적인 성공 요인이 된다.

성인에게는 더욱 체감된 몰입도를 보완하기 위해 지금까지와는 또 다른 차원의 강한 목표 의식, 달성 욕구, 계획 조직화 역량들이 요구된다. 사실 당장 생계를 책임져야 하는 직장인들에게 '일을 놀이처럼 즐기라'는 주술적(?)인 권고는 공허한 메아리처럼 들릴지도 모른다. 궁극적으로 업무가 즐겁기 위해서는 '왜 일을 하고 있는가'라는 질문에 스스로 답할 수 있어야 한다. 힘들지만 목표한 바에 한 발씩 다가서고 있다는 느낌이야말로 일하는 즐거움의 본질이기 때문이다.

포천 100대 기업의 조직 문화는 상하간의 강한 신뢰의 축적을 통해 구성원들이 자신의 업무에 자부심을 갖고 동료들과 재미있게 일하면서 조직과 업무에 대해 헌신과 몰입을 보일 수 있도록 외부적 자극을 효과적이고 지속적으로 제공하는 문화이다. 이는 사람을 진정으로 존중한다는 인간 존중 혹은 인간에 대한 배려의 정신에서 출발한다. 성장을 거듭하여 어느 정도의 규모와 그럴 듯한 모양새를 갖춘 기업은 너나없이 '우리 회사는 인간을 존중한다'고 내세워 말한다. 그러나 인간에 대한 배려의 철학이 진정으로 기업 경영의 전반에 스며들도록 하기 위해서는 특별한 노력과 희생이 요구된다.

레버링은 20여 년 동안 기업 현장을 찾아다니면서 포천 100대 기업의 문화적 특징으로 무엇을 발견했을까.

첫번째 특징은 동등한 가치의 상징이다. 사람의 존재적 가치, 본질적 가치가 동등하다는 믿음을 구현하기 위해 노력하는 많은 상징들이 조직 속에 퍼져 있다는 것이다.

"직원들의 신뢰를 받는 회사에 가보면 직급의 고하를 막론하고 구성원 모두가 동등한 가치를 가지고 있음을 심어주기 위해 끊임없이 노력하는 것을 볼 수 있다."

포천 100대 기업은 동등한 가치를 구현하기 위해 가급적 평등한 문화와 수평적인 조직 구조를 만들고자 노력한다. 그리고 그런 구체적 모습을 보여주는 다양한 프랙티스를 내부에 보유하고 있다. 그럼에도 현실에서는 많은 불평등이 존재하는 것이 사실이다. 이에 대해 국내 굴지 L기업의 회장은 '존재론적 평등성과 기능적 불평등성'이란 표현으로 설명한 적이 있다. 사람으로서의 가치는 동등하지만 그 사람이 실행하는 업무의 시장 가치는 평등할 수 없기 때문에 어떤 사람에게는 많은 급여와 혜택이 주어지지만 다른 사람에게는 그런 정도의 급여와 혜택이 주어지지 않는다. 조직 문화를 통해 일소해야 하는 것은 기능적인 우위에서 오는 권한을 가지고 존재론적인 평등 가치를 훼손시키려고 하는 권위주의적인 발상과 태도라는 것이다.

"월마트의 밴튼빌 본사 주차장은 지정석이 없으며 누구든 출근하는 순서대로 주차한다. 토요일 아침 회의에 늦는다면 월튼이라고 해서 예외일 수 없다."

이 이야기는 월마트와 창업주인 월튼S. M. Walton의 일화 등을 소개한 『월마트 방식What I Learned From Sam Walton』이란 책에 나온다. 사실 월마트에 대한 평가가 극단적으로 양분되기는 하지만 미국 유통업계의 후발주자로서 세계 최대 규모의 시가총액을 자랑하는 기업으로 성장한 데는 그 안의 일관된 철학과 가치가 있을 수밖에 없다.

동등한 가치의 구현은 레버링만이 발견한 것은 아니다. 일류 기업

당근과 채찍

당근과 채찍은 불신의 표현이다. 조직과 구성원이 서로 믿지 못하는 문화에서 등장하는 관리 수단이다. 채찍을 사용하는 것은 쉬워 보이지만 그것이 효과를 내는 것은 채찍 때문이라기보다는 힘의 불균형 때문이다. 조직과 구성원 간에 힘의 균형이 잡혀 있다면 채찍은 효과가 없을 것이다.

당근을 제시하는 접근의 결정적인 취약점은 당근 없이는 조직이 굴러가지 않는다는 것이다. 사실 당근은 조삼모사와 같은 방법이다. 조직이 당근을 내걸면서 궁극적으로 그 몇 배를 뽑아내려고 하는가를 따져보면 의도가 순수하다고 보기 어렵다.

일간지에 'MIT 천재들은 어떻게 빨간 풍선을 찾았을까'라는 제목의 기사가 실렸다 (조선일보 2010년 3월 27일자). 당근과 관련된 내용을 요약해본다.

미국 국방부는 전국에 흩어진 빨간 풍선 10개의 정확한 위치를 가장 먼저 찾는 팀에게 4만 달러의 상금을 주기로 했다. 인터넷의 정보 확산 속도와 정확도를 알아보는 실험이었다. 국방부는 전날 밤 샌프란시스코의 광장, 플로리다의 해변가 등지에 빨간 풍선을 설치했다. 응모한 팀은 모두 4,000개. 국방부는 10개의 풍선을 찾는 데 최대 9일을 예상했지만 MIT팀은 불과 9시간 남짓 만에 해냈다.

MIT팀이 남달랐던 것은 '상금 가지치기'라는 인센티브 방식으로 대중의 자발적 참여를 유도했다는 점이다. '상금 가지치기'는 이런 식이다. 예를 들어 샌프란시스코에 위치한 공을 데이비드가 찾았다면 데이비드는 2,000달러를 받는다. 데이비드가 이 공을 찾는 데 캐롤이 정보를 줬다면 캐롤은 그 절반인 1,000달러를 받는다. 캐롤이 밥에게서 받은 문자 메시지로 풍선 위치에 대한 정보를 얻었다면 밥은 다시 500달러를 받는다. 마찬가지로 밥에게 정보를 준 앨리스도 250달러를 받게 된다.

수학의 극한 개념을 이용해 계산하면 아무리 정보 제공자가 늘어나도 공 하나에 대한 인센티브 총액은 4,000달러를 넘지 못한다. 따라서 10개의 공에 대한 인센티브 총액은 1등 상금인 4만 달러를 결코 넘을 수 없다. 상금 가지치기는 수많은 군중들로 하여금 서로 경쟁이 아닌 공조 관계란 긍정적 사슬을 형성해냈다. 이 때문에 MIT팀의 서포터는 미 전역에 걸쳐 급속도로 퍼져나갔다. 집단이 협력한다는 집단 지성의 유토피아적 아이디어와 잘 고안된 금전적 인센티브 구조가 결합해 상상할 수 없었던 결과를 만들어냈다.

인센티브는 사람을 움직이게 하는 강력한 기제이다. 그러나 나는 MIT 천재들이 욕심을 부렸다면 어떤 결과가 펼쳐졌을지 궁금했다. 그들은 총 상금 4만 달러를 10개 풍선에 대한 인센티브로 모두 배분했다. 정보 제공자가 늘어나면 인센티브 총액이 4만 달러에 근접할 수는 있지만, 결코 4만 달러를 넘을 수는 없는 구조였다. 물론 정보 제공자가 늘어날수록 남는 것은 줄어든다.

그런데 만약 욕심을 부려 총 상금의 절반인 2만 달러는 자신들이 나눠 갖고 나머지 2만 달러를 가지고 인센티브 구조를 설계했다면 어떤 결과가 나왔을까. 즉, 각각의 경우에 인센티브 지급액을 절반으로 줄이는 것이다. 그리고 이 같은 인센티브 방식은 공개되어 있다. 과연 이런 조건에서도 사람들은 자발적이고 적극적인 참여를 보였을까? MIT팀은 별다른 역할도 하지 않으면서 왜 2만 달러를 가져가는지 이의를 제기하는 사람들이 등장할 것이다. 차라리 똑같은 방식으로 직접 이벤트에 응모하는 팀이 만들어질 수도 있다. 이들이 문제 삼는 것은 공정성이다. MIT팀의 인센티브 방식이란 특별한 것이 아니다. 우리 주변에서 펼쳐지는 판매 방식에도 이런 원리가 이미 적용되고 있다.

MIT팀은 게임의 승리를 위해 자신들의 몫을 챙기지 않았지만, 게임이 아닌 현실에서는 그렇게 되지 않는다. 앞서 등장한 노드스트롬 사례에서는 성공적이었던 판매 수당제가 다른 회사에서는 전혀 다른 결과를 가져온 것도 이런 이유 때문이다. 열심히 일한 결과를 기여도에 따라 나눠 갖는 것과 당근을 내걸고 사람을 더 일하게 만들겠다는 것은 미묘하지만 엄청난 차이가 있다.

들의 경쟁력을 연구한 콜린스나 페퍼 교수와 같은 사람들이 찾아낸 공통점 역시 '구성원의 평등성을 상징적으로 보여주는 다양한 프랙티스가 조직 속에서 명백히 드러난다'는 것이다.

참고로 많은 사람들이 인간에 대한 배려가 조직을 온정적인 곳으로 혹은 어떤 실수를 해도 용인되는 곳으로 만들 것이란 오해를 한다. 명백히 잘못된 생각이다. 이에 대한 레버링의 설명은 이렇다.

"포천 100대 기업은 인간에 대한 배려를 위해 이익을 등한시하는 곳이 아니다. 다만 사람이 이익을 가져오는 원동력이라는 생각이 투철할 뿐이다."

두번째 포천 100대 기업의 문화적 특징은 선물 교환gift exchange의 관행이다. 경영진 그리고 구성원이 서로에 대해 계약 범위 이상의 무엇(선물)을 더 주기 위해 노력하는 것이 관행이라는 것이다. 선물 교환이란 개념과 용어를 레버링이 처음 쓴 것은 아니다. 그것은 인류학적인 연구 성과에서 비롯된 것이다. 상대적으로 문명에 덜 노출된 오지의 원주민 마을을 대상으로 한 문화인류학적인 연구를 보자. 그에 따르면 돈을 매개로 한 자본주의 경제가 본격화되기 이전 물물교환 경제에서는 사람 간 혹은 집단 간 교환 활동의 본질은 선물의 교환이었다. 나아가 유럽의 사회인류학, 특히 프랑스의 인류학적 전통으로 자리 잡은 구조주의 인류학에서는 사회 구조의 표상으로서 드러나는 인간의 모든 활동을 아예 교환으로 정의한다. 때문에 이런 시각에서 조직 문화를 바라보면 조직의 모든 경영 활동도 마찬가지로 교환이란 기본 속성을 공유한다. 조직 문화는 교환 활동으로 나타나고, 또 교환 활동을 통해 조직 문화는 성립되는 것이다.

그렇다면 무엇의 교환인가. 구조인류학에서는 크게 '언어, 여성, 재화'라는 3가지의 교환을 이야기한다. 그중에서도 인류 역사를 관통하는 집단 관계의 기본 활동이란 자리에 재화의 교환을 위치시킨 것은 마르크스K. Marx다. 이에 대한 문화인류학적 성과는 최소한 자본주의 경제 이전에는 재화의 교환보다 선물 교환의 성격이 훨씬 강했음을 밝혀낸 것이다. 이는 경제학 혹은 인류학의 분파인 경제인류학의 본격적인 연구 주제가 되기도 하는데, 최정규의 『이타적 인간의 출현』이란 책에는 이런 사례가 등장한다.

"예를 들어 정육점 주인과 고객과의 관계가 그렇다. 정육점 주인이 무게를 속이거나 수입고기를 한우라고 속여 팔지 않는 이상 고기의 품질을 둘러싼 분쟁에 제3자가 개입하기는 어렵다. 어느 정도 육질이 연해야 하는지, 고기즙이 얼마나 들어 있어야 하는지 등은 계약을 통해 규정될 수 없다. 이런 경우 정육점 주인과 손님 간의 일대일 관계가 중요해진다. 단골이 되는 것이다. 정육점 입장에서는 단골손님, 손님의 입장에서는 단골 정육점이 된다.

단골을 맺고 유지하기 위해 서로 '선물'을 주고받는다. 정육점에서는 보다 좋은 품질의 고기를 계속 공급한다. 손님은 근처에 더 싸게 파는 다른 가게가 생겨도 정육점을 바꾸지 않는 선물 교환이 이뤄지는 것이다."

여기서 한 가지 간과하지 말아야 할 점이 있다. 선물은 당근과 구별되어야 한다. 많은 기업에서는 직원들의 헌신과 몰입을 강화하기 위해 '당근과 채찍'을 동시에 사용해야 한다는 믿음을 가지고 있다. 그러나 곰곰이 따져보면 당근과 채찍은 모두 불신 관계를 드러내는 방식일 뿐이다.

위의 책에 나오는 실험 결과 역시 '상식적으로 당근과 채찍을 결합하면 직원들이 더 열심히 일할 것 같지만 채찍을 들이대는 순간 오히려 당근의 효과는 떨어지는 것'으로 나타났다.

'해바라기'를 제거해야 한다

●

일터에서 만나는 리더들은 여전히 시선을 위로 고정시켜 놓고 있다. 과장은 부장만을 주시하고, 부장은 임원만을 바라보고, 임원은 CEO 혹은 오너의 의중에만 관심을 기울인다. 일견 아래를 보는 것처럼 행동하는 관리자가 있다. 하지만 그들이 정말로 의식하는 것은 늘 위에 있는 사람이다.

한국의 조직 문화에서 개선해야 할 점은 '낮은 신뢰'와 '다양성의 결핍'이다. 신뢰와 다양성은 기본적으로 보다 많은 권한을 가진 사람의 희생을 전제로 한다. 그러나 각박한 현실에서 기꺼이 앞장서 희생하는 사람이 드물다. 솔선수범이 필요하다고 때와 장소를 가리지 않고 이야기한다. 하지만 현실에서 마주치는 모습은 그런 이야기를 아주 공허하게 들리도록 한다.

결국 대부분 조직 문화 차원의 문제는 조직의 리더십으로 귀결된다. 한국 조직에서는 리더십을 지극히 개인적인 문제로 바라보는 경향이 강하다. 그러나 리더십은 조직의 경영 철학이 구체화되어 드러나는 하나의 형태일 뿐 리더 개인의 성격personality 문제일 수는 없다.

어떤 사람은 슬픈 드라마를 보면서 자기도 모르게 눈가에 눈물이 맺히곤 한다. 반면 다른 사람은 똑같은 것을 봐도 그저 가상의 연극이라고 생각하여 무덤덤하게 넘긴다. 이런 것이야말로 개인의 성격이다. 그러나 리더십을 다루면서 조직이 제어하고자 하는 것은 그런 개인의 성격적인 부분이 아니다. 눈물이 맺힐 때 그것을 처리하는 집단의 양식이라는 것은 별도로 존재한다.

한국에서는 '남자는 눈물을 보여서는 안 된다'는 교육을 태어나면서 암묵적으로 받게 되어 있다. 때문에 드라마를 보면서 감정이 북받친다고 다른 사람들에게 눈물을 보이는 것은 양식화된 행동에서 벗어난다는 느낌을 준다. 이렇게 어떤 것을 드러내는 집단의 양식이 바로 집단의 문화이다.

리더십은 개인의 문제가 아니라 조직의 문제다. 조직이 추구하는 철학이나 가치에 입각하여 다뤄지기 때문이다. 만약 화가 난다고 해서 서류더미를 집어던지는 관리자가 자신의 조직에 있다면 이는 개인의 성격으로 치부하고 넘어갈 문제가 아니라 화가 난 상태를 처리하는 조직 문화 차원의 양식을 구축하지 못한 조직의 CEO가 풀어야 하는 숙제일 뿐이다. 결론적으로 리더십은 조직 문화의 변화관리 차원에서 다뤄야 하는 아주 중요한 영역이다.

일터를 보다 일하기 좋은 곳으로 변화시키고자 하는 노력은 많다. 하지만 여전히 일터에서 만나는 중간관리자를 포함한 리더들은 대체로 시선을 위로 고정시켜 놓고 있다. 과장은 부장만을 주시하고, 부장은 임원만을 바라보고, 임원은 CEO 혹은 오너의 의중에만 관심을 기울인다. 일견 아래를 보는 것처럼 행동하는 관리자가 있다. 하지만 그들이 정말로 의식하는 것은 늘 위에 있는 사람이다.

그런 곳에서 모두 즐겁게 일할 수 있는 조직을 만들자는 이야기는 진정성을 의심받을 수밖에 없다. 조직에서 살아남기 위해 그럴 수밖에 없다고 말하는 사람들이 있다. 하지만 이런 리더십 문화는 모든 사람을 불행하게 만들 뿐이다. 리더십의 기본은 부하들을 동기부여시켜 조직의 목표를 향해 앞으로 나아가도록 하는 것이다. 이를 가능하게 하는 힘은 부하들을 진심 어린 마음으로 바라보고 귀를 기울이는 데서 비롯된다. 시선을 위로만 고정시키는 리더십이 뿌리내린 일터에서는 신뢰가 높아질 리 없고 다양한 의견이 공존할 수 없다.

오로지 윗사람의 의중에 모든 것을 맞추려 드는 '해바라기' 문화 속에는 반드시 자기 밑의 사람이 그렇게 행동해주길 바라는 더 높은 사람이 있다는 이야기이다. 또 스스로 기회가 생기면 해바라기와 같은 행동을 보이고자 하는 관리자들이 포진해 있다. 그 밑에서는 자신도 모르는 사이에 해바라기 행동을 답습하는 더 많은 부하직원들이 자라나고 있다. 해바라기들이 더 높은 자리를 차지하고 경쟁에서 앞서 나가는 문화는 결국 조직 속에 보다 많은 해바라기 리더를 지속적으로 만들어내는 질서가 뿌리내리도록 만든다.

고착화된 질서를 깨기 위해서는 조직적인 리더십 철학의 전환이 필요하다. 시선을 아래로 돌리는 인간 존중의 리더십으로 나아가야 한다. 최근 주목받는 섬김 리더십의 핵심은 다름 아닌 관리자의 시선 전환이다. 그리고 리더십 철학의 전략적 전환을 이뤄낼 수 있는 사람은 결국 조직의 실질적인 지도자인 CEO일 수밖에 없다. 이런 결단을 통해 낮은 신뢰와 다양성 결핍의 문제가 해결될 수 있다.

펀Fun 경영이라는 곱상한 포장을 씌워 이뤄지는 활동은 나중에 지나고 보면 모두 뻥이다. 진정으로 조직 문화가 변한다는 것은 구성원의 행동에서 변화가 일어나는 것인데도 조직은 당장 먹기 편한 떡을 얻고자 행동이 아닌 활동을 관리하는 우를 범한다.

4장

활동을 관리한다고 행동이 변하는 것은 아니다

일하기 좋은 기업을 만드는 것은 모든 경영자와 조직 구성원들의 관심사이다. 그러나 개인 차원에서든 조직 차원에서든 변화는 어렵다. 변화 노력은 종종 수포로 돌아간다. 현장에서 꼽는 가장 큰 변화 장애 요인은 '조직 문화와 구성원'이다. 조직 문화 자체가 절실한 전략적 변화관리의 대상이 되는 셈이다. 조직 내부의 다양한 변화 대상 중에서도 가장 폭넓게 영향을 미치는 조직 문화를 최적화된 모습으로 구축시킬 때 진정한 변화와 혁신을 기대할 수 있다.

조직 문화의 핵심은 조직과 구성원 간에 신뢰와 다양성에 기초한 선물 교환의 관계를 구현하는 것이다. 이를 위해서는 중장기적인 시각이 필요하다. 조직적으로 강한 의지와 진정성을 가지고 일관되게 추진되어야 하고 구성원 모두가 동참해야 한다.

조직 문화의 변화와 새로운 구축은 조직 구성원이 해야 한다. 컨설턴트는 최적의 접근 방식에 대한 도움을 줄 뿐이다. 사실 대부분의 컨설턴트는 조직 문화의 구축처럼 오랜 기간이 소요되는 변화 과정을 함께하지 못한다.

　변화관리 전략 보고서를 제출하고 한두 번의 교육을 실행한 후 서둘러 빠져나간다. 변화관리의 결과로 3.7점이 4.3점으로 높아졌다는 식의 간략한 수치를 제시하곤 한다. 수치는 나름의 가치가 있지만 현실에서는 오용되는 경우가 훨씬 많다.

　한두 가지의 도구가 아니라 탄탄한 접근 프레임을 토대로 다양한 도구와 주제, 전문가들을 리소스로 활용해야 한다. 목표는 도구의 적용이 아니라 선물이 교환되도록 하는 것이기 때문이다. 조직과 구성원은 서로에게 무엇이 선물인가를 정의하고 그것을 적극적으로 교환하는 학습을 해나가야 한다.

변화의 파트너를 찾는다

•

변화는 일련의 과정으로 이해되어야 한다. 변화관리는 과정을 관리하는 것이다.
특히 변화 과정에서 조직 구성원들의 다양한 저항에 부딪칠 수 있다는 의미에서
변화관리는 곧 저항관리이기도 하다. 날로 경쟁이 치열해지고 창의적인 대응이
요구되는 경영 환경을 감안하면 변화라는 것이 조직의 문화적인 유전자로 스며들
어야 하지만 구성원들은 반드시 그렇게 사고하고 행동하지는 않는다.

세상에서 변화하지 않는 유일한 것은 '변화하지 않는 것은 없다는 사
실'뿐이라는 이야기가 있다. 그만큼 변화는 피해갈 수 없는 것이다.
하지만 변화에 주체적이고 능동적으로 대응하는 사람이나 조직은 많
지 않다.

변화와 혁신은 혁명보다도 어렵다고 한다. 혁명은 기존 체제를 물
리적이고 강제적인 수단으로 완전히 뒤엎고 새롭게 시작하는 것이다.
반면 변화와 혁신은 현재의 기본 체제를 유지하면서 미래 목표로 나
아가는 것이다. 변화에 대한 의지뿐만 아니라 정교한 실행 전략이 동
시에 요구된다.

변화는 일련의 과정으로 이해되어야 한다. 변화관리는 과정을 관
리하는 것이다. 특히 변화 과정에서 조직 구성원들의 다양한 저항에
부딪칠 수 있다는 의미에서 변화관리는 곧 저항관리이기도 하다. 날
로 경쟁이 치열해지고 창의적인 대응이 요구되는 경영 환경을 감안하

면 변화라는 것이 조직의 문화적인 유전자로 스며들어야 하지만 구성원들은 반드시 그렇게 사고하고 행동하지는 않는다.

많은 연구자들은 조직의 구성원들이 현실에 안주하고 변화의 필요성을 인식하지 못하는 이유에 대해 다양한 조직 개발 사례를 통해 정리하고 있다. 가장 널리 알려진 것은 존 코터의 주장이다. 즉 위기의식의 부재, 낮은 목표 수준, 근시안적인 목표 설정, 왜곡된 정보 등이 변화와 혁신의 필요성을 차단하는 것이다.

물론 변화의 시동이 걸린 이후에도 구성원들은 여러 가지 저항을 할 수 있다. 변화로 인해 예상되는 조직 내 역할 관계의 재정립을 원하지 않는다거나 조직 전체적인 관점에서 유지하기보다 '내 일' 혹은 '우리 부서'의 업무에 관심을 집중시키는 소집단 이기주의 경향을 보이는 것이다. 실제로 변화관리를 위해 인접 부서의 동참을 요청하면 기꺼이 협조하겠다고 하면서도 이면에는 '비록 우리 부서의 일은 아니지만'이란 인식이 짙게 깔려 있다.

더구나 조직 문화의 변화는 가장 어려운 영역이다. 구조 혹은 프로세스 영역과 달리 관성의 법칙이 강하게 지배하기 때문이다. 현재의 상태는 그동안 적응을 통해 안정감을 주는 상태다. 그런데 조직 문화의 변화는 이렇게 누려온 안정감을 위협하는 요인이 된다. 많은 조직이 변화를 추구하면서 구조의 변화와 프로세스의 변화에 초점을 맞춘다. 하지만 실제로 변화된 구조와 프로세스를 제대로 작동하게 만드는 조직원과 조직 문화에 대한 고려를 소홀히 한다. 변화시키기가 어려운 영역이기 때문이다.

그러나 조직 문화의 변화 없이는 진정한 변화와 혁신이 이어지지 않는다. 기업들은 다양한 영역에서 변화와 혁신의 노력을 기울여왔

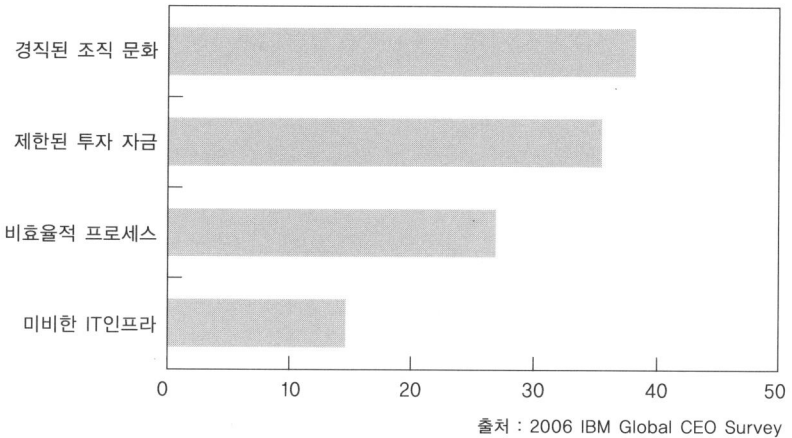

표 3 **조직 혁신의 내부 장애 요인**

경직된 조직 문화

제한된 투자 자금

비효율적 프로세스

미비한 IT인프라

0 10 20 30 40 50

출처 : 2006 IBM Global CEO Survey

지만 그 결과가 기대만큼 만족스럽지는 못했다. 글로벌 컨설팅업체들은 변화와 혁신 프로젝트의 60~70%가 당초 기대에 못 미치는 결과를 얻었다고 보고하고 있다.

전반적인 조직 모델, 경영 시스템 구조, 프로세스 정립, 역할 정의와 같은 활동은 순조롭지만 그것을 실행하는 과정에서 조직 문화와 구성원의 수용 동참이 연계되지 못하는 것이다. 위의 표 3에서 보는 바와 같이 많은 경영자들은 조직 혁신의 내부적 장애 요인으로서 경직된 조직 문화를 지적한다.

사실 조직 문화와 같은 무형자산의 변화관리는 제도 도입이나 프로세스 설계로 완성되는 것이 아니다. 변화된 환경에 적합한 사고와 행동을 이끌어내는 것이 핵심이다. 이를 위해서는 앞서 지적한 것처럼 문화 관성이란 힘을 뛰어넘는 강도 높고 일관된 변화관리가 필요하다. 이는 좀처럼 손대기 어려운 중장기적인 과제이다 보니 조직의 실무자들은 실행을 주저해왔다. 실제로 일터 현장에 들어가 보면 '문화는 쉽게 변하지 않는다'는 뿌리 깊은 인식을 쉽게 감지할 수 있다.

　문제는 조직 개발을 지원하는 컨설턴트들조차도 내심 같은 인식을 하고 있다. 그 때문에 많은 컨설팅 기관들이 변화관리의 전체적 과정을 동행하지 않으려는 경향을 보인다. 조직의 입장에서 조직 문화의 변화관리를 위해서 외부의 지원을 받는다면 효과적인 도구를 찾는 것보다 변화 과정을 동행할 파트너를 찾는 것이 훨씬 중요하다.

실과 바늘처럼 변화와 저항은
불가분의 관계

●

제4의 경영자원으로 일컬어지는 최적의 조직 문화가 구축되면 다양한 효과가 있다. 구성원의 일체감, 정체성, 협력과 화합, 암묵적 행동 지침을 통한 정렬된 방향성 같은 것이다. 그러나 과거 많은 시도가 '중도 포기'로 흐지부지되었고 조직 전반에는 부정적 학습 효과가 생기곤 했다.

조직 문화란 조직 구성원이 공유하는 가치관과 행동 양식이다. 조직 구성원들의 사고와 행동을 한 방향으로 이끌어가는 경영관리의 인프라와 같은 것이다. 일반적으로 가치, 규범, 상징 같은 것이 그 실질적 내용이라고 할 수 있다. 저절로 형성되기도 하지만 의도적으로 만들어지기도 한다.

조직 문화를 의도적으로 형성해 간다는 것은 뚜렷한 목적을 전제로 이야기할 수 있다. 즉 조직이 새로운 경영의 패러다임에 적절히 대응하면서 지속 가능한 성장을 도모하는 데 가장 알맞은 문화가 있다면 그것을 찾아낼 수 있고 그것에 가까워질 수 있다. 조직 문화의 변화관리는 최적의 문화를 개념적으로 구체화시켜 공유하고 구성원의 사고 행동이 그런 모습에 접근해 가도록 일련의 과정을 관리하는 것이다.

제4의 경영자원으로 일컬어지는 최적의 조직 문화가 구축되면 다양한 효과가 있다. 구성원들의 일체감, 정체성, 협력과 화합, 암묵적 행동 지침을 통한 정렬된 방향성 같은 것이다. 과거 조직 문화의 변화 노력이 중도 포기로 끝나면서 조직 내부에서는 이벤트에 회의적인 시각이 있다.

하지만 이벤트나 여러 가지 의식^{ceremony}을 활용하는 것은 매우 중요하다. 다른 조직과는 다르다는 의식을 갖게 해주는 강력한 문화 요소이기 때문이다. 또 자기 조직만이 가진 이야기, 즉 경험, 추억, 사례 등을 가지는 것이 필요하다. 구성원 간에 널리 공유되면서 추후의 행동에 영향을 미친다. 이밖에도 공통의 언어, 물질적인 상징 등을 잘 활용하는 가운데 보다 효과적인 변화관리 활동을 추진할 수 있다.

변화관리 활동 프로세스

오늘날 모든 조직에서 최적의 조직 문화를 구축하는 일은 변화 혁신을 통해 한 단계 질적인 성장을 도모하기 위해서는 피해 갈 수 없는 영역이다. 일반적인 조직 문화의 변화관리 활동 프로세스는 진단→목표 수립→목표 공유→접근 방식의 실행→변화 사례의 확보 공유→재진단→실행의 업그레이드의 과정을 반복한다.

첫번째 활동은 현상의 진단이다. 조직 구성원들이 어떤 문화적 경향성을 가졌는가를 명확히 파악하는 활동이다. 효과적인 진단을 위해서는 일정한 분석 프레임에 입각하여 진단 활동을 실행해야 한다. 진단 활동으로는 설문조사를 하는 것이 가장 일반적이다. 많은 컨설팅 회사가 독자적으로 개발한 설문 형태의 진단 도구를 상품으로 내세운다. 설문은 다수를 진단 대상으로 할 수 있다는 장점이 있다. 반면 진단할 수 있는 영역과 그 정확도에서 논란의 여지가 있다.

두번째 활동은 목표 수립이다. 목표는 진단 과정에서 조직 구성원들이 이상적으로 생각하는 문화적 경향성을 도출해서 개념적으로 정립하여 얻는다. 원칙적으로는 당연히 보다 많은 구성원들이 원하는 조직 문화가 목표로 정립되어야겠지만 현실적으로는 쉽지 않다. 현실에서는 자신이 원하는 조직 문화의 구체화된 모습을 표현하지 못하는 경우, 다수가 원하는 문화가 성과 창출에 부적합한 경우, 계층별 이해의 차이에 따라 전체가 동의하는 문화를 도출할 수 없는 경우 등이 생긴다. 가치지향적인 목표 설정이 그나마 보편성에 기반하여 폭넓은 동의를 끌어내는 데 도움이 된다.

세번째 활동은 목표 공유이다. 목표 공유는 구체적으로 수립된 목표를 조직 구성원 전체가 동일한 방향에서 이해하는 활동, 목표 달성을 위해 변화해야 할 세부적 실행 계획의 수립, 실행에 대한 자발적 동의를 끌어내는 활동 등을 포괄한다. 조직 문화의 변화 활동에서는 구성원 모두가 변화의 주체이자 대상이라는 점이 확인되어야 한다. 자발적 동의의 수준을 높이기 위해 경영층의 솔선수범이 필요하다.

네번째 활동으로 접근 방식의 실행은 아주 전문적인 영역이다. 이에 대해서는 다시 논의하겠지만 보행 문화를 예로 들어보자. 이상적인 미래상(대다수가 우측 보행을 당연시하고 실제로 우측 보행을 습관적으로 실행하는 상태)으로 다가가기 위해서는 단지 '우측 보행을 하세요'라는 커뮤니케이션만으로는 부족하다. 행동에 대한 관찰을 통해 좌측 보행이 어떤 비효율적인 측면이 있는가를 분석하고 공유함으로써 인지적인 변화가 선행되도록 해야 한다. 또 인지적인 변화가 변화 행동으로 정착되도록 하는 반복이 뒤따른다.

다섯번째 활동인 변화 사례Quick Win의 확보, 공유는 변화의 가속과 촉진을 위해 작은 성공 체험을 변화관리의 초기에 찾아내 적극적으로 소개하는 활동이다. 조직 문화의 혁신 활동에서 추진력을 잃지 않고 구성원들의 자발적 동의 상태를 높은 수준으로 유지하기 위해서는 다양한 변화 사례를 찾아내 변화의 장점을 재확인시켜야 한다. 이후의 활동은 일정 기간 변화 활동의 결과를 재진단하고 전략적인 수정을 가미하면서 일정한 프로세스를 반복적으로 실행하는 것이다.

변화관리 활동 영역

조직 문화 변화관리 활동 프로세스를 주요 변화관리 활동 영역으로 평면화하면 그림 10과 같이 나타낼 수 있다.

어른 공경의 문화를 강화하는 변화관리 활동을 예로 들어보자. 어른을 공경하는 사회를 지향한다면 우리는 그런 문화를 구현하기 위해 '왜 어른을 공경해야 하는가'란 질문에 답변할 수 있도록 논리(가치)를

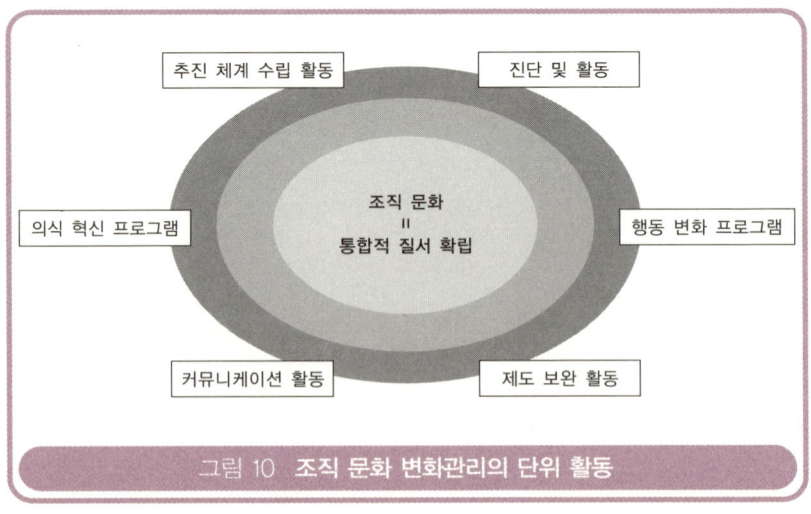

그림 10 **조직 문화 변화관리의 단위 활동**

정립해야 한다. 추진 체계를 정비한다는 것은 변화관리의 활동 주체를 정하는 일이기도 하며 모두가 공감할 수 있는 논리의 정립이기도 하다.

어른 공경이 바람직하다는 인식이 어느 정도인지 파악(진단)해야 한다. 초중등학교 교과 과정에 어른 공경의 내용(의식 혁신 프로그램)을 어떻게 넣어야 할지를 결정해야 한다. 어른을 보면 허리 숙여 인사하라(행동 변화 프로그램)는 식의 지침도 마련되어야 한다. 우수한 공경 사례를 발굴하여 적극적으로 홍보(커뮤니케이션)하는 일도 빠뜨릴 수 없다.

또한 경로 우대권과 같은 제도(제도적 보완)를 다양하게 만들어 어른 공경의 문화가 더욱 촉진될 수 있도록 해야 한다. 이 같은 각 단위 활동들은 어른 공경의 문화 구축을 위해 어느 하나도 생략할 수 있는 것이 아니다.

변화관리의 대상 요소

다른 각도에서 조직 문화 변화관리의 대상이 되는 요소에는 다음 몇 가지가 있다.

첫째, 동기를 관리해야 한다. 변화의 이해 당사자들에게 건전한 위기감을 심어주고 변화의 이유를 명확히 제시해야 한다. 변화의 비전과 가까운 미래의 실익이 무엇인지도 전달한다. 사람들이 보이는 변화에 대한 반응 확인도 동기 관리의 하나이다.

둘째, 역량의 관리이다. 변화관리를 수행하는 조직 역량의 관리이다. 여기에는 경영진의 변화 지원 리더십 역량, 변화 프로젝트를 이끌어가는 관리자와 프로젝트 팀원의 역량, 조직 변화를 지속적으로 모니터링하고 조율하는 역량 등이 포함된다.

셋째, 내부 관계의 관리이다. 다른 인간사에서와 마찬가지로 변화의 적은 대개 조직의 내부에 있다. 그것도 가까운 위치에 존재하곤 한다. 실제 변화관리 활동을 하다 보면 어김없이 내부 역학 관계와 부딪치게 된다. 이에 대한 효과적인 관리가 곧 변화관리의 성패를 좌우한다.

넷째, 제도의 관리이다. 전략적으로 연계된 성과 평가제도가 대표적이다. 많은 조직에서 평가는 오로지 개인 단위로 지극히 경쟁 지향적으로 실행한다. 그러면서도 조직 문화는 팀워크와 협력에 기초한다고 말한다. 이 자체만으로는 구성원들의 혼란과 불신을 만드는 왜곡된 메시지를 전달할 수밖에 없다.

조직 문화의 변화관리가 어려운 이유

조직 문화를 바꿔보고자 했던 과거의 많은 시도는 '중도 포기'로 흐지부지되었다. 조직 구성원 전반에는 부정적인 학습 효과가 생기곤 했다. 사전에 어려운 이유를 명확히 이해하고 충분한 대응 준비를 해야 한다. 조직 문화의 변화관리가 어려운 이유는 몇 가지로 열거할 수 있다. 오랜 소요 기간, 성과 측정의 어려움, 인과 요인 특정의 어려움, 보다 강한 저항 등이다.

인사 제도를 변화시키는 것은 길어봐야 수개월이면 실행으로 옮길 수 있다. 하지만 조직 문화를 변화시키는 것은 그렇게 단기간에 끝나는 문제가 아니다. 최소 연간 단위로 변화의 로드맵을 가지고 중장기적으로 추진해야 한다. 이 과정에서 다양한 변수들이 등장하게 되고 이 같은 변수들에 유연하게 대처하면서 변화관리를 지속해야 한

변화, 저항, 변화 관리

'변화' 혹은 '변화 관리'는 조직의 실무자들에게는 일상화되었지만 일반인들에게는 여전히 익숙하지 않은 용어이다. 예를 들어보자. 나는 중학생 딸이 있다. 학교에서 시험이 임박해지면 딸은 "아빠, 내일부터 새벽 다섯 시에 좀 깨워주세요." 하고 부탁한다. 평소 딸은 일곱 시나 돼서 겨우 일어나 허겁지겁 밥 먹고 등교하곤 했으나, 외부 환경 변화에 따라 기상 시간을 다섯 시로 앞당기고 싶은 것이다. 변화의 필요성을 느끼고 변화를 계획한 것이다. 이렇게 스스로의 결심과 의지로 변화 계획을 실행할 수 있다면 굳이 다른 사람에게 변화를 관리해 달라고 의뢰할 필요는 없다. 그러나 오랫동안 습관화된 행동을 자신의 결심과 의지만으로 변화시키기는 쉽지 않다. 나는 딸의 변화관리자가 된다.

개인 차원의 습관을 변화시키는 것은 그래도 나은 편이지만, 여러 사람이 모인 조직을 대상으로 관행적으로 굳어졌던 조직 문화를 변화시키는 작업은 전문가의 경험과 구조화된 방법론을 통하지 않고는 지극히 어렵다고 봐야 한다.

변화에는 저항이 따른다. 변화에 대한 저항이라고 하면 사람들은 '내가 무슨 저항을 하느냐'고 반문한다. 저항이란 표현 속에 '의도적인 훼방'이란 느낌이 있는 것이다. 그러나 변화와 저항은 실과 바늘처럼 따라붙는다. 예컨대 다음 날부터 다섯 시에 딸을 깨우면 곧바로 자리를 박차고 일어나지는 않는다. 늘 일곱 시에 기상하던 버릇이 있는데, 오늘 다섯 시에 깨운다고 바로 자리를 털고 일어나지 않는 것이다.

"아빠, 30분만 더 자면 안 될까."

습관을 바꾸는 불편함으로 인해 변화에 대한 저항은 강하게든 약하게든 따라 붙는다. 저항은 변화에 있어서 필연적인 과정이다. 변화관리자로서는 아예 네 시에 깨우고 나서 한 시간을 더 자도록 만들어주는 방식을 취할 수도 있을 것이다. 어찌됐든 좀 더 강하게 빠르게 변화된 상태가 주는 효과를 인지하도록 하는 것이 저항 단계를 넘어 새로운 변화된 상태를 지속하도록 만드는 길이 된다.

다. 그렇기 때문에 조직 문화의 변화관리에서는 활동 형태가 수차례 반복되는 것마저도 극복해야 한다.

또한 조직과 구성원 다수가 공감하는 변화의 확인 방법을 정의하는 것도 쉽지 않은 일이다. 문화의 기본 속성이 추상적일 수밖에 없다. 조직 문화의 변화는 결국 구성원의 사고 행동 변화로 나타나야 한다. 그런데 사고 행동의 변화 정도는 몇 퍼센트라는 식으로 특정짓기 어렵다. 실무자들이 어려워하는 것도 '여러 가지 활동은 많이 했는데 그래서 변화된 것이 뭐냐'는 질문에 답하는 것이다. 궁여지책으로 데이터를 만들어보지만 그 유용성에 비해 폐단이 크다.

변화의 확인 방법이 어렵다 보니 조직 내부에 어떤 변화와 성과가 생겨나도 그 원인과 요인이 조직 문화의 변화관리에 의한 것이라고 연결 짓기도 어렵다. 구성원 모두가 피부로 느낄 정도로 일하는 분위기가 개선되었다고 하더라도 사람들은 보다 직접적인 요인을 찾게 된다. 흔히 '보너스를 줬기 때문'이라고 치부하고 넘어간다.

마지막으로 조직 문화의 변화관리 대상은 지위 고하를 막론한 모든 구성원이다. 구성원이 변화의 주체인 동시에 스스로 대상이 된다. 그러다 보니 다른 어떤 변화 혁신의 영역에서보다도 강한 저항을 만날 수밖에 없다. 관행적으로 굳어진 사고 행동을 스스로 변화시키는 것이 어렵기 때문이다.

표 4 **저항의 형태와 증상**

저항의 형태	증상
손쉬운 승낙	전체 맥락이나 의미를 파악하지도 않고 쉽게 수락함
혼동	변화에 대해 설명을 했음에도 여전히 기본적인 질문을 던짐
즉각적 비판	구체적인 사항을 알기 이전에 반대 의견을 표시함
악의적 비판	생각하고 있는 바를 점잖지 못한 태도로 표현
태업	작업 추진을 막기 위해 강력한 행동을 보임
회피	계속해서 주제를 바꿈
부인	차이점을 받아들이기를 거부함
악의적 순응	결정 사항에 동의하는 듯하면서 나중에는 미적거림

변화관리의 단계와 성공 요인

어떤 상태를 변화시키려면 해빙unfreezing–변화changing–동결 refreezing의 변화 3단계를 거쳐야 한다는 르윈Lewin의 변화 단계론은 하나의 고전이다. 르윈에 따르면 변화는 현상을 유지하려는 힘과 변화를 추진하는 힘의 상호작용의 결과로서 만들어질 수 있다.

그는 두 개의 힘이 동등한 수준을 보이면 변하는 것 같으면서도 변하는 것이 없는 유사 정지적 균형 상태가 진행된다고 지적했다. 마치 고무줄을 힘껏 당기면 늘어나지만 손을 놓는 순간 고무줄이 원 상태로 돌아가는 것처럼 변한 것 같으면서 정말로 변한 것이 없게 된다. 변화는 힘을 가해서 완성되는 것이 아니라 변화된 상태가 지속되도록 할 때 완성된다.

르윈의 변화단계론

① 해빙 : 현재 상태를 유지하려는 힘을 감소시키는 단계이다. 해빙은 조직 구성원들이 심리적 부조화를 느끼게 만드는 과정을 통해 시작된다. 변화에 동참시킬 동기를 찾아내 공유하는 것이 중요하다.

② 변화 : 현재 상태를 새로운 상태로 이동시키는 단계이다. 비전을 내걸고 연계된 사고와 행동 단위의 구체적 지침이 적용되도록 한다. 저항의 관리가 본격적으로 요구된다.

③ 동결 : 새로운 상태를 안정화시키는 단계이다. 동결은 흔히 새로운 가치, 규범, 방침, 구조 등 새로운 상태를 지지해주는 강화 메커니즘을 사용해서 이루어진다.

르윈의 변화단계론은 문화를 비롯한 조직의 모든 변화관리 활동에서 일반론으로 적용된다. 용어를 달리하지만 모든 변화관리 활동의 단계 구분이 여기서 벗어나지는 않는다. 조직 문화 변화관리 단계를 보다 실전적인 표현으로 도식화하면 그림 11과 같다.

각 변화관리 단계에서 변화의 주요 성공 요인을 짚어보자.

첫째, 조직적인 변화 추구 의지와 실행 방안 수립이다. 변화 추구 의지는 조직 전반을 총괄하는 CEO를 비롯한 조직의 리더에 의해 전략적으로 제시될 수 있다. 삼성의 프랑크푸르트 선언과 같은 리더의 변화 촉발 행동이 출발점이 될 수 있지만 궁극적으로 변화 추구의 의지를 조직화시키기 위해서는 구성원 모두가 공감할 수 있는 논리가 있어야 한다. 실행 방안에서는 변화의 여정을 로드맵으로 도식화하는 것은 물론 전체 변화관리 활동의 접근 방법을 확고히 하는 것이 핵심이다.

둘째, 공감을 확보하고 확신을 부여하는 과정이다. 리더가 변화에 대해 확신을 갖는 것은 필수적이다. 더불어 실제 변화 과정에 참여하는 구성원들을 올바른 방향으로 이끌어가기 위해서는 변화의 예상되는 결과가 구성원에게 어떤 선물로 다가갈 것인가를 그려볼 수 있도록 해야 한다. 그것이 곧 공감과 확신을 부여하는 과정이 된다.

셋째, 동일한 인식을 갖고 부당한 기대를 차단하는 작업이다. 변화관리 활동에서는 구성원 전반이 특정 사항에 대해 동일한 인식 수준을 갖도록 하는 작업이 매우 중요하다.

특히 조직 문화의 변화관리는 조직 내부에 한 방향으로 정렬된 질서를 수립하는 작업이다. 조직의 변화 방향에 대해 구성원이 같은 생각을 갖고 있음을 전제로 하기 때문이다. 리더와 프로젝트에 직접적

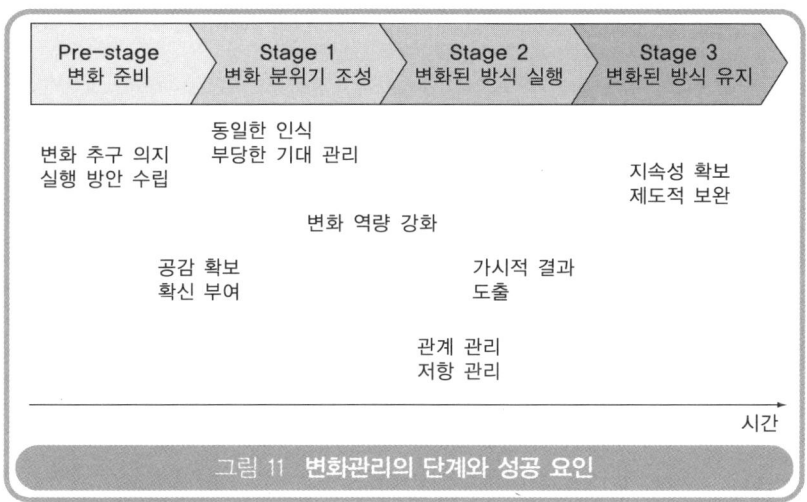

그림 11 **변화관리의 단계와 성공 요인**

으로 관여하는 변화관리팀에서 일관적인 행동과 메시지를 꾸준히 보여줘야 한다.

넷째, 변화 역량의 강화이다. 모든 구성원들은 조직 문화의 변화 관리에서 크든 작든 주어진 역할을 수행해야 한다. 관련 지식은 물론 스스로를 동기부여하는 역량이 갖춰졌을 때 역할 수행의 효과는 배가 될 수 있다. 조직 문화의 경향성을 이해하고 변화 방향에 적합한 실행 과제들을 찾아내는 수준에 도달할 때 자율적인 세부 조직 단위의 변화 활동이 활성화될 수 있다.

다섯째, 관계를 이해하고 저항을 관리하는 일이다. 변화관리팀은 조직 내부의 역학 관계를 명확히 이해해야 한다. 조직은 살아 있는 생명체와 같으며 세분화된 단위 조직의 결합체이다. 단위 조직은 내부 역학 관계에서 각자 상이한 입장이기 때문에 그 경계선에서는 매우 구체적인 문화적 현상이 일어나게 된다. 하나의 활동은 문화경계선을 넘어서면서 다양한 형태의 저항으로 나타난다. 저항 관리가 어려운 것은 어떤 개인이나 단위 조직도 노골적으로 저항하지는 않기 때문이다.

여섯째, 가시적 결과를 도출하여 작은 변화를 체험하도록 한다. 일정 기간 동안의 변화 활동 이후에는 그 결과를 가시적 형태로 확인시켜주는 것이 중요하다. 결과 확인이 곧 변화 지속의 동력이 되기 때문이다. 그러나 결과를 보여줘야 한다는 압박감 때문에 변화의 로드맵 전반이 흔들리는 경우가 발생할 수 있다. 또한 모두의 공감을 얻는 가시적 결과란 쉽게 얻어지는 것도 아니다. 변화관리팀은 작은 행동 변화의 큰 의미를 해석할 수 있는 역량을 반드시 갖추어야 한다.

마지막으로 변화된 상태의 지속에 필요한 제도적 보완이 요구된다. 변화된 상태를 굳히고 지속성을 얻기 위해서는 제도적인 보완이 뒷받침되어야 한다. 조직의 메시지는 꼭 리더나 중간관리자의 말이나 행동을 통해서 전달되는 것이 아니라 조직의 여러 가지 제도를 통해 전달되기도 한다. 어떤 성과 보상체계가 있느냐가 곧 구성원에게 요구하는 사고와 행동에 대한 메시지를 담고 있다.

숲과 나무를 아우르는 시각

●

조직 문화는 여러 개의 셀이 합쳐진 것이다. 단순한 합체가 아니라 어떤 것을 중심으로 한 결합이다. 여기서 어떤 것은 바로 조직이 지향하는 가치와 미션 같은 것이다. 서울 본사와 부산 지점이라는 지리적 격차로 인해 일상적 대면 접촉의 관계망에 들어가 있지는 않지만 본사와 지점 직원은 분명히 동일한 조직의 일원으로 어떤 형태로든 묶여져야 하는 대상이다.

H사는 직원이 3만 명에 달하는 대기업이다. 제조라인을 갖춘 두 개의 대규모 공장과 연구개발 본부까지 있었다. 회사가 크다 보니 실무자들은 조직 문화를 바꾸는 일에 애를 먹는다고 하소연했다.

"우리 같은 큰 회사도 가능할까요? 직원이 이렇게 많은데 하나의 기업문화를 갖는다는 것이 도무지 엄두가 나질 않아요."

H사의 조직 문화 담당자는 첫번째 미팅에서 대뜸 회사의 규모를 거론했다. 그 말 속에는 조직 문화에 대한 회의적인 시각이 배어 있었다. 이해하지 못하는 바는 아니다. 그러나 아무리 어려운 작업이라고 해도 그것을 담당해야 하는 실무자가 회의적이라면 어떤 변화 노력을 기울여도 결과가 실망스러울 수밖에 없다. 더구나 직원 수의 많고 적음이 조직 문화의 변화관리에서 핵심적인 문제는 아니다.

직원이 열 명인 조직이라면 사장 혼자서 모든 직원의 일거수일투족을 파악할 수 있다. 활발한 대면 접촉을 통해 인간적으로 친해지기도 쉽고 업무 지시도 직접 내릴 수 있다. 단계를 거치지 않고 커뮤니케이션이 이뤄질 테니 의사소통에서 혼선의 우려도 적다.

그러나 직원이 100명, 200명이 되면 상황은 달라진다. 사장 혼자서 아무리 노력해도 직원들을 모두 직접 상대하기 어려워진다. 업무 지시를 비롯한 다양한 형태의 커뮤니케이션이 몇 단계를 거치게 되고 그만큼 혼선의 우려도 높아질 것이다. 본격적으로 관리하는 영역이 하나의 독립된 부서로 체계를 갖춰 경영진을 보좌하게 된다.

이렇게 직원 수를 따지는 사고의 흐름을 그대로 따라가다 보면 삼성전자나 월마트 같은 국내외 대기업들은 하나의 조직 문화를 가질 수 없을 것이다.

시각을 돌려 일반 구성원의 입장이 되어볼 필요가 있다. 조직 문화는 '일상적인 것'이다. 아침에 출근해서 동료와 인사하는 방식, 회의에 들어가 의견을 교환하는 방식 같은 것이 문화의 구체화된 모습이다. 그것이 일상적인 것이기 때문에 조직 문화의 변화관리 노력 또한 일상적인 대면 접촉의 관계에 많은 부분을 집중할 필요가 있다.

A사의 서울 본사와 부산 지점에 근무하는 두 명의 직원이 있다. 두 사람은 과연 1년에 몇 차례 만날 수 있을까? 한두 번에 지나지 않을 것이다. 같은 조직의 구성원인 것은 틀림없지만 두 사람은 일상적인 대면 접촉의 관계가 아니다. 어떤 사람에게든 자신을 중심으로 팀의 상사, 동료, 부하, 업무 연관성이 높은 인접 부서 동료를 포함한 10여 명이 일상적 대면 접촉의 관계이다.

직원이 3만 명이라고 해서 3만 명의 구성원과 매일 얼굴을 맞대고 생활하는 것은 아니다. 3만 명 가운데 이름 석자를 아는 사람은 일부분에 지나지 않을 것이다. 나는 회사에 출근하여 같은 단위 조직에

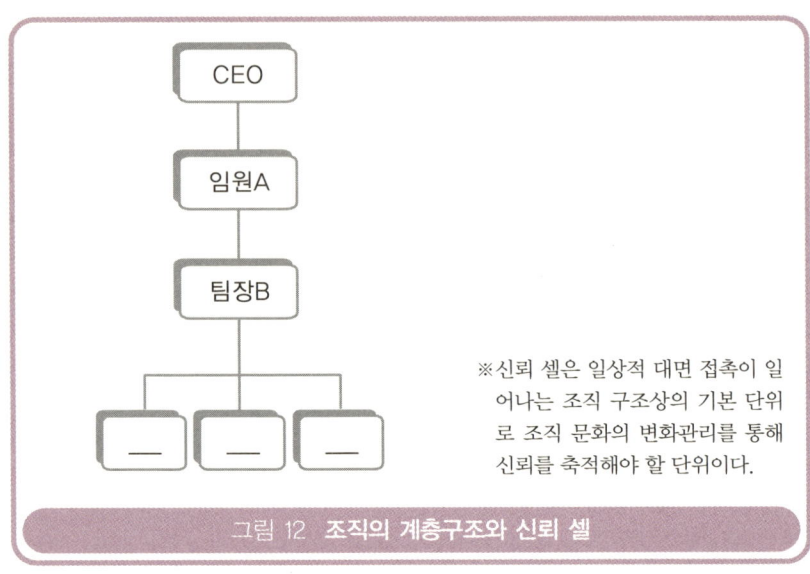

※신뢰 셀은 일상적 대면 접촉이 일어나는 조직 구조상의 기본 단위로 조직 문화의 변화관리를 통해 신뢰를 축적해야 할 단위이다.

그림 12 **조직의 계층구조와 신뢰 셀**

속하기 때문에 대부분의 시간을 함께 보내거나 업무 연관성이 매우 높아 자주 접촉해야 하는 사람들의 관계망을 신뢰 셀cell이라고 부른다. 조직 문화의 변화관리 활동은 이 같은 셀을 중심에 놓고 접근한다는 일관성을 유지할 때 훨씬 실질적인 접근과 높은 효과를 기대할 수 있다.

물론 다수의 기업에서 팀이란 조직 구조가 곧 셀을 의미한다. 변화관리 활동이 팀을 대상으로 놓고 벌어지기도 한다. 그러나 셀을 중심으로 접근한다는 일관성이 종종 흔들리게 된다. 그리고 그로 인해 결과적으로 무의미한 활동이 양산되기도 한다.

예컨대 조직의 CEO가 구성원에게 전달하는 메시지와 팀장이 전달하는 메시지의 충돌은 조직 문화에서 흔히 생기는 일이다. 팀장과 같이 신뢰 셀의 정점에 위치한 사람은 단위 조직의 일상적인 정서를 형성하는 데 보다 직접적인 영향을 미친다. 팀장은 조직적 메시지를 일상적으로 대변하는 사람이다. 그 같은 역할을 충실히 수행하기 위해서는 무엇보다 조직적 논리를 자신의 것으로 내면화시킬 수 있어야 한다.

그러나 많은 경우 팀장의 목소리는 조직적 가치의 단순 전달 수준에 머물고 있다. 자기 이야기를 말하는 것과 남의 이야기를 전달하는 것은 미묘하지만 아주 큰 차이가 있다.

"현장의 목소리를 중시한다는 것은 우리 조직의 가치입니다. 다음 주에 있을 경영진과의 간담회도 격의 없이 이뤄지는 아주 소중한 의견 개진의 기회이니 많은 이야기를 나눠주십시오."

"다음주에 경영진에서 현장 간담회를 개최한다고 하니까 해당자는 관련 부서에서 연락이 오면 준비해주세요."

자기 이야기를 할 때와 남의 이야기를 전달할 때는 얼굴 표정부터 다르다. 무엇보다 전달받은 사람은 제한된 정보 속에서 조직적 행동에 대해 각양각색의 해석을 내리게 된다. 귀한 시간을 내서 노력하지만 동일한 인식과 의미의 공유는 이뤄지지 않고 피로감만 높아진다.

많은 컨설팅 조직에서 CEO가 구성원의 신뢰를 받을 수 있게 하라고 이야기한다. 하지만 이는 어찌 보면 '공자님 말씀' 수준에 지나지 않는다. 신뢰는 일상 속에서 상대방의 구체적 행동을 통해 높아지거나 낮아진다. 구성원의 입장에서 CEO는 일상적 대면 접촉의 관계망에 들어와 있는 사람이 아니다. 현장 셀 단위에서의 메시지 충돌을 감안하지 못하면 구성원의 조직에 대한 신뢰 관리는 아주 요원한 문제이다.

조직 문화의 변화관리는 역할 모델이 될 수 있는 신뢰 셀을 개발

육성하여 그 같은 변화가 물이 넘쳐나가듯 조직 전체로 전파^{spill over}되는 식의 접근이 되어야 한다.

조직 문화는 여러 개의 셀이 합쳐진 것이다. 단순한 합체가 아니라 어떤 것을 중심으로 한 결합이다. 여기서 어떤 것은 바로 조직이 지향하는 가치와 미션 같은 것이다. 서울 본사와 부산 지점이라는 지리적 격차로 인해 일상적 대면 접촉의 관계망에 들어가 있지는 않지만 본사와 지점 직원은 분명히 동일한 조직의 일원으로 어떤 형태로든 묶여져야 하는 대상이다.

이렇게 일상적 접촉의 기회가 떨어지는 구성원을 묶어주는 것은 동일한 이해 기반에서 출발하여 조직의 가치와 미션을 공유하는 과정에서 이뤄지게 된다. 항상 신뢰 셀을 중심에 놓고 접근한다면 직원의 규모가 변화관리의 장애물이 될 수 없다.

브랜드와 프랙티스

●

조직 문화의 변화관리는 조직 문화의 브랜드를 구축하는 과정으로 볼 수 있다. 브랜드는 차별화된 가치의 상징이다. 조직 구성원의 공유된 의식을 이끌어낸다는 차원에서 매우 강력한 도구가 되기 때문이다. 브랜드로 만든다는 것은 '토참'과 같은 언어의 정립뿐만 아니라 그것을 뒷받침하는 전사적인 프랙티스의 실행과 함께 진행된다.

"지난해 3월 취임 당시 3년의 임기 동안 신한 직원들이 한 팀으로 다함께 같이 느끼는 수평적인 조직을 만들 것이라 다짐했습니다. 3년 내 진정 저와 같은 꿈을 많은 직원들이 함께 꿀 수 있게 된다면 대단한 성공이라고 생각했어요. 이를 위해 강조하고 중점적으로 체화시키고자 노력한 것이 바로 '토참(토론 참여) 문화'입니다."

이백순 신한은행장이 취임 1주년을 맞아 언론과의 인터뷰에서 한 이야기이다. 모든 조직 구성원들이 토론과 참여를 통해 다양한 의견을 제시하고 뜻을 모아 '한 가지 꿈'을 만들어내 동일한 비전을 향해 매진토록 하겠다는 것이다.

그는 '팀 플레이로 강한 은행, 강한 신한을 만드는 꿈을 실현하기 위해선 토참 문화 정착이 필수'라며 '지난 1년 동안 이를 위한 어느 정도의 기반을 조성한 게 취임 첫 해 가장 보람 있는 일'이라고 말했다. 구체적으로 회의의 모습이 달라졌다고 한다. 통상 은행 임원회의는 강력한 파워를 갖는 행장이 회의를 주재하면서 화두를 제시하고 지시 사항을 전달하며 각 부문별 현안의 진행 상황을 점검하는 형식으로 진행된다.

이 행장은 이 같은 임원회의에서 '행장의 역할'을 상당 부분 축소했다. 신한은행 임원회의는 특정 현안에 대해 발표자가 주관해 기조 발표를 한 후 질문을 받고 참석 임원들 간 토론을 벌인 뒤 임원들 스스로 의견을 모아 결론을 내린다. 이 과정에서 행장은 임원들이 자유롭게 발언할 수 있도록 장을 마련해주며 자신도 회의의 일원으로서 의견을 내고 끝으로 의견을 조율하는 정도에 그친다.

이 행장은 토참 문화가 자리를 잡으면서 구성원들의 주인 정신이 더욱 강화되었다는 평가를 조심스럽게 내렸다. 토참 문화가 신한 직원들이 궁극적으로 추구하는 가치(신한 웨이)와도 일맥상통한다고 덧붙였다. 신한 웨이의 핵심 가치 중에서 가장 중요한 것은 맡은 일을 스스로 주도할 줄 알고, 솔선수범을 통해 타인의 열정을 이끌어내고, 자발적으로 토론에 참여해 은행의 발전을 위해 자신의 뜻을 펼 줄 아는 주인 정신이라는 것이다.

사실 토론과 참여를 강조하지 않는 기업은 별로 없다. 활발한 토론과 적극적인 참여가 시대적 가치이기 때문이다. 시대적 가치는 경영 환경과 패러다임에 연계되어서 변화하는 가치이다. 모두가 토론과 참여를 강조하지만 신한은행처럼 '토참 문화'라는 언어로 정립하지는 않는다. 비록 그것이 정착된 브랜드인가 하는 대목에서는 아직도 남은 길이 먼 것 같다. 하지만 어찌되었건 토참 문화라는 언어가 조직 안팎에서 활발히 유통된다는 것은 조직 문화의 브랜드가 되어가고 있다는 의미이다.

조직 문화의 변화관리는 조직 문화의 브랜드를 구축하는 과정으로 볼 수 있다. 브랜드는 차별화된 가치의 상징이다. 조직 구성원의 공유된 의식을 이끌어낸다는 차원에서 매우 강력한 도구가 되기 때문이다. 브랜드로 만든다는 것은 '토참'과 같은 언어의 정립뿐만 아니라 그것을 뒷받침하는 전사적인 프랙티스의 실행과 함께 진행된다. 신한은행의 경우는 변화된 회의 방식의 실행이 그것이다.

어떤 프랙티스를 설계하여 실행을 강제하는 것은 변화 과정에서 불가피한 일이다. 궁극적으로 그 프랙티스가 조직 문화의 특징적인 단면으로 자리 잡기 위해서는 그렇게 행동하는 것이 조직 구성원 전반에서 당연시되는 수준에 도달해야 한다. 따라서 프랙티스는 전반적 동의를 끌어내는 데 적합한 가치를 담아내는 그릇이어야 한다.

나의 경험에서 보면 조직 문화의 프랙티스를 고민하면서 조직의 리더나 실무 담당자들은 개인의 프랙티스와 조직의 프랙티스를 혼동하곤 했다. 공기업인 H사와 함께 일한 적이 있다. CEO는 취임 일성으로 현장 중심의 대화 경영을 하겠다고 포부를 밝혔다. 이어 말단 직원들과 소통할 수 있는 온라인 대화방을 만들고 현장 간담회를 정례화시키는 등 크고 작은 프랙티스를 설계해서 실행에 옮겼다. CEO는 3년 후 다른 기관장으로 발령받아 영전했다. 재임 기간 중에 실행되었던 프랙티스는 소리 소문 없이 사라졌다.

개인적으로 대화를 중시해서 정례화된 간담회를 진행하는 것은 개인의 프랙티스이다. 원칙적으로는 개인이 가치 있다고 생각해서 하는 것이다. 다만 그것을 실행하는 대상이 조직일 뿐이다. 개인의 프랙티스는 대개 그 사람이 떠나면서 없어진다. 후임자가 좋아하는 것, 가치 있다고 생각하는 것이 따로 있을 수 있다. 혹은 전략적으로 자신의 리더십을 보여준다는 차원에서 유지되면 좋을 것도 서둘러 없애버리 곤 한다. 이런 경우를 두고 현장에서는 '어깨에 힘 들어갔다'며 냉소를 보낸다. 조직에 새로 리더가 부임하면 일단 목소리 톤이 높아지면서 어깨에 힘이 들어가게 마련이다.

조직을 대상으로 실행한다고 해서 그것이 곧 조직의 프랙티스가 되는 것은 아니다. 어찌 보면 개인의 프랙티스와는 반대로 '좋아서 하는 것이 아니라 싫어도 따를 수밖에 없는 것'이 조직적 차원으로 올라선 프랙티스이다. 당연히 조직 문화의 변화관리는 조직의 프랙티스를 정착시켜 나가는 과정이 중요하다.

토론과 참여가 시대적 가치이지만 '이 바쁜 세상에 하나라도 더 빨리 해야지'라며 거기에 동의하지 않을 수도 있다. 그러나 조직의 가치와 그것을 담는 조직의 프랙티스는 싫다고 해서 따르지 않아도 되는 것이 아니다.

어떤 것을 강제하고 구속하는 것은 모든 사람들로부터 환영받지 못한다. 그러나 현실적으로 아무것도 강제하지 않는 세상은 있을 수 없다. 그것은 유토피아적인 환상일 뿐이다. 조직의 구성원이 된다는 것은 조직의 가치에 따른다는 전제를 깔고 있다. 누구라도 예외가 될 수는 없다.

그린 존 – 이정표를 세워야

●

신뢰하는 관계는 다양성에 대한 존중을 수반할 것이다. 이는 구성원의 열정, 자부심, 주인의식을 점증적으로 고취시킬 것이다. 블랙 존을 벗어나는 데는 시간과 노력이 요구된다. 하지만 일단 벗어나면 탄력을 받게 된다.

신뢰라는 보편적 가치와 다양성이란 시대적 가치의 구현은 대부분의 조직 문화가 추구하는 방향이다. 신뢰와 다양성을 두 개의 축으로 하여 구획하면 네 개의 공간이 만들어진다. 어떤 조직 문화든 네 개의 공간 중에서 어느 한 곳에 위치하게 된다. 나는 각각의 공간을 '그린 존' '그레이 존 I' '그레이 존 II' '블랙 존'으로 이름 붙였다.

그린 존은 함께 일하는 사람들 간에 신뢰가 높은 조직 문화가 있는 곳이다. 특히 일상적 대면 접촉이 이뤄지는 단위 조직이 말 그대로 신뢰 셀의 모습을 가지고 있다. 동시에 조직적으로는 다양성이 존중되는 문화이다. 구성원들에게는 수평적인 관계와 자율적인 참여가 권장된다. 그린 존은 일하기 좋은 기업들이 보여주는 선물 교환의 문화가 있는 곳이다.

그레이 존은 회색 지대이다. 신뢰는 높은데 다양성이 떨어지거나 다양성은 높은데 신뢰가 떨어지는 조직 문화를 말한다. 조직 문화가 그레이 존에 위치한다는 인식은 잘못된 인식이거나 거짓말인 경우가

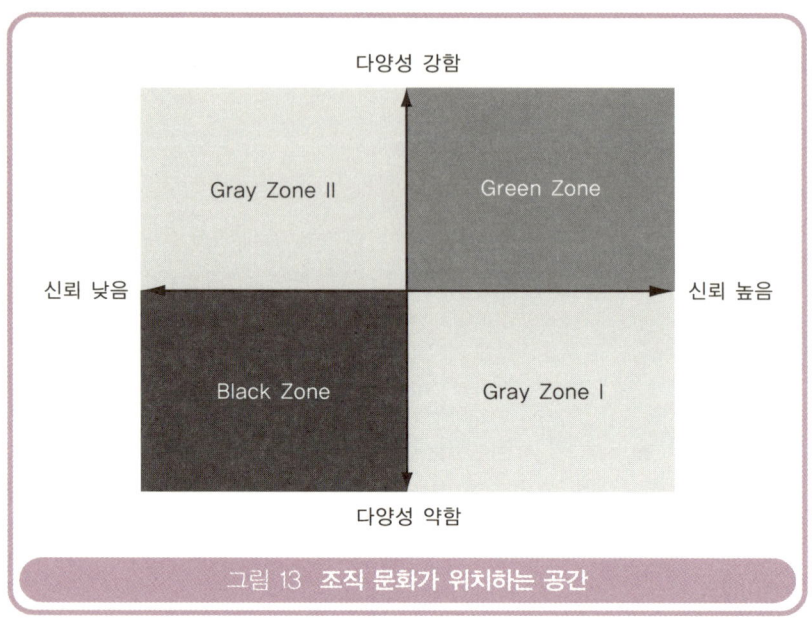

다양성 강함

Gray Zone II

Green Zone

신뢰 낮음 ← → 신뢰 높음

Black Zone

Gray Zone I

다양성 약함

그림 13 **조직 문화가 위치하는 공간**

많다. 왜냐하면 실제 조직 문화를 관찰하고 진단해보면 정도의 차이가 있을 뿐 대개 신뢰와 다양성은 동시에 올라가거나 내려가기 때문이다.

블랙 존은 불신과 획일성의 조직 문화가 있는 곳이다. 구성원 상호 간 신뢰와 조직과 구성원 간 신뢰가 높지 않다. 따라서 조직은 획일적으로 강제하는 관리 행태를 보이게 된다. 조직의 핵심가치를 중심으로 모이도록 하는 것이 아니라 지시와 감독으로 따르게 만드는 문화이다. 이런 문화에서는 역량의 조직화가 이뤄지지 않는다. 역량을 조직 내부에서 공유하기보다 개인의 것으로 유지할 때 승리한다는 생각이 지배하기 때문이다.

그레이 존에서 블랙 존으로

M사는 직원이 약 1만 명인 상장 대기업이었다. M사는 과거 10여 년 동안 해당 분야에서 부동의 시장점유율 1위를 지켜왔다. M사는 점유율을 위협받은 것은 아니지만 성장세가 둔화되자 경영 전반에 대해 재검토하기로 결정했다. 내가 변화관리에 참여하기 3년 전의 일이었다.

CEO는 개인적 친분이 있는 외국계 컨설팅 업체에 프로젝트를 의뢰했다. 수개월의 짧은 기간에 보고서를 제출받는 데 10억 원대의 투자를 감행했다. 조직의 전략적 목표는 이윤 극대화였다. 회사는 컨설팅 보고서에 맞춰 모든 제도와 시스템을 이익이 극대화되는 방향으로 수정하기 시작했다. 그 가운데 하나로 매출에서 구성원의 몫으로 돌아가는 비율이 하향 조정되었다. 가장 손쉬운 접근으로 파이를 빼앗는 방식을 채택한 것이다.

이런 변화로 회사의 이익 구조는 조금 더 유지 연장될 수 있었다. 그러나 직원들 사이에서는 조직에 대한 불신이 커졌다. 결국 사람들은 회사가 던지는 어떤 제안에 대해서도 색안경을 끼고 보게 되었다. 직원들의 입장에서는 자신의 몫이 줄어들었으니 당연한 대응이었다. 현장으로 내려갈수록 업무를 지시하는 쪽과 수행하는 쪽 사이에서는 감정의 골이 깊어졌다. 어느덧 성과는 하향 곡선을 그리기 시작했다.

성과가 떨어질수록 조직은 관리자들을 통해 직원들을 강하게 몰아붙였다. 직원들은 경쟁업체로 떠나갔다. 당황한 경영진은 서둘러 조직 내부의 신뢰를 회복할 수 있는 방안을 강구했지만 한 번 하락한 신뢰는 쉽게 회복되지 않았다.

직원들은 수년 전까지 회사 분위기가 좋았다고 이야기했다. 그러나 좋은 분위기란 실상 적당히 일하면서 즐겁게 지내는 관계가 유지되었다는 의미였다.

누구라도 업종의 특성상 머지않은 장래에 시장이 포화 상태가 될 것이란 예상을 할 수 있었다. 하지만 어느 누구도 심각한 어조로 이런 예상을 언급하지 않았다. 직원들도 업계 1위라는 위상에 마비되어 일방적인 지시와 감독의 관리 행태를 크게 문제시하지 않았다. 결국 성장 둔화란 위기 조짐에 조직은 잘못된 방향으로 욕심을 부렸다. 내부의 신뢰 자산은 가속으로 떨어졌다. M사의 조직 문화도 그레이 존에서 블랙 존으로 떨어지고 말았다.

오인 혹은 거짓말

조직 문화를 이야기하다 보면 기업의 실무자들이 뭔가를 잘못 판단하고 있다는 생각이 들 때가 있다. 자신들의 조직 문화가 그레이 존에 있다고 여기는 것이다. 변화의 과도기에는 신뢰가 높은데 다양성이 떨어지거나 다양성이 높은데 신뢰가 떨어지는 경우가 있겠지만 그같은 불일치는 오래 지속되지 않는다. 신뢰가 높은 것은 개인의 다양한 가치가 존중되는 것이다. 다양성이 무시되면 신뢰도 따라서 낮아지는 것이 보다 일반적이다.

공기업에서 민영화되었던 P사는 매우 혼란스러운 모습을 보이고 있었다. 직원들은 과거 자신들의 조직 문화가 가족적인 분위기로 서로를 배려하는 좋은 문화였다고 기억하고 있었다. 그러면서 과거의 좋았던 관계로 돌아가야 한다는 향수를 내비쳤다. 직원들은 공기업에서 벗어나 시장 경쟁에 뛰어들면서 피곤함을 느꼈다. 그래서 현실 도피적으로 과거의 '철밥통' 시절로 돌아가야 한다는 잘못된 기대를 가지고 있었다. 그러나 사실은 새로운 조직 문화 질서 구축이 필요했다. 과거의 문화로 돌아가서는 여러 가지 조직 과제를 해결할 수 없는 상황이었다.

서로를 배려하는 가족적인 분위기였다고 하지만 조직적 자산으로서의 신뢰 관계와는 거리가 있었다. 어찌 보면 일을 안 하면서도 잘 지내기에 무리가 없는 조직 문화였다는 의미다.

공기업 시절 P사의 관리자들은 아주 권위주의적이었고 직원들은 무사안일주의에 빠져 있었다. 서로가 규정집에 의존해 적당히 일하면서 그것을 가족적인 좋은 분위기였다고 회상하고 있을 뿐이다. 직원들은 자신들의 조직 문화가 그린 존에서 블랙 존으로 떨어졌다고 주장한다. 하지만 사실은 블랙 존과 그레이 존의 어딘가에서 맴돌고 있었다.

조직 문화의 귀착점-그린 존 혹은 블랙 존

조직은 사람들이 일을 하기 위해 모인 곳이다. 일을 통해 조직이 추구하는 미션을 달성해간다. 직원들은 기본적으로 조직적 가치에 동의하고 있다. 그러니까 일을 한다는 것은 단순히 돈을 버는 것 이상의 무엇이 있다. 조직에서 사람들 간의 관계가 어떻게 맺어져 있으며 서로가 무엇을 지향하며 함께 일하느냐는 조직 문화의 특징을 결정하는 요소이다.

조직 문화는 계속 변화한다. 적극적인 변화관리 노력이 있든 없든 변화하는 것을 피할 수는 없다. 현재 그레이 존에 위치하는 조직 문화를 그대로 방치한다면 머지않아 블랙 존으로 떨어지게 될 것이다. 그러나 적극적인 변화관리 노력을 통해 그린 존으로 이동할 수도 있다.

조직 문화가 이동하여 귀착하는 지점은 대체로 그린 존 혹은 블랙 존이다. 일단 경계선을 넘어가게 되면 귀착점으로 향하는 순환적인 역학은 빠르게 작동할 것이다.

신뢰하는 관계는 다양성에 대한 존중을 수반할 것이다. 이는 구성원의 열정, 자부심, 주인의식을 점증적으로 고취시킬 것이다. 블랙 존을 벗어나는 데는 시간과 노력이 요구된다. 하지만 일단 벗어나면 탄력을 받게 된다.

조직 안에는 문화 경계선이 있다

●

문화 경계선을 그려보면 조직 문화의 변화관리가 개입해야 할 이슈와 대상을 구체적으로 좁혀나갈 수 있다. 물론 갈등이 부각된다고 해서 모든 갈등에 조직이 개입해야 한다는 의미는 아니다. 하지만 여러 가지 문화적 이슈를 정확히 파악하는 것은 변화관리의 일차적인 과제이다.

효과적인 조직 문화의 변화관리를 위해서는 문화 경계선을 명확히 그려봐야 한다. 문화 경계선은 조직 문화 차원의 여러 현상이나 해결해야 할 이슈들이 표출되는 지점이다. 조직이 일정 규모를 넘어서게 되면 하위 조직에 따라, 업무 성격에 따라, 혹은 계층에 따라 이해관계가 상충되는 작은 조각segmentation들로 나눠질 수 있다.

더구나 한국은 연고주의가 강한 문화이다. 대기업에서는 학연 지연을 따지는 문화가 많이 개선되었다고 하지만 조직 문화를 전반적으로 보면 여전히 연고주의가 맹위를 떨치고 있다. 좋지 못한 조직 문화에서는 내부의 작은 조각이 연고를 매개로 만들어질 수도 있다.

물론 연고를 매개로 한 조각과 경계선은 표면적으로 잘 노출되지 않는 특성이 있다. 연고주의를 배척하는 정서만큼은 어느 조직에서나 전반적으로 공유되기 때문이다. 문화 경계선이란 시각으로 조직을 들여다보면 변화관리의 이슈 대상은 물론 해당 조직의 문화적 경향성과 개선을 위한 접근 방식까지도 윤곽을 잡아낼 수 있다.

실제로 여러 대기업에 대한 조직 문화 진단을 통해 문화 경계선을 그려본 적이 있다. 여러 사례를 종합해보면 업무 성격, 계층, 직군에 따라 내부에 경계선이 드러나곤 한다. 어떤 기업에서는 부문 간의 경계가 뚜렷했다. 영업 부문과 기타 부문 간에 뚜렷한 경계선이 그려졌다.

영업 부문의 직원들은 회사의 모든 제도와 시스템이 영업을 지원하는 쪽으로 설정되어야 한다는 인식을 내비쳤다. 심한 경우 다른 부문에서 하는 경영 활동을 한 차원 낮은 것으로 보는 경향도 있었다. 영업 부문에서 가지고 있던 이 같은 인식은 기타 부문에서도 인지하고 있었다.

기타 부문의 직원들은 영업 부문이 매출을 올린다는 이유로 다양한 혜택과 효자 취급을 받는다고 했다. 하지만 사실은 적극적으로 시장 개척도 하지 않으면서 적당히 일한다는 방어 논리를 공유하고 있었다.

영업 부문에 대해서는 이처럼 방어 논리를 공유하지만 기타 부문도 세부적으로는 나눠졌다. 대부분 조직에서 전통적으로 힘을 갖는 전략, 인사, 재무 부문과 이외 부문 간의 경계선에서도 이질감이 표출되고 있었다.

계층 간에 경계선이 그려지기도 한다. 조직에 따라 차이는 있지만 대체로 차장 이상 직급과 그 아래 직급 간에서 다양한 이슈가 분출되었다. 차장 이상의 상사는 부하직원들이 수동적이고 이기적이라는 인식이 강했다. 반대로 부하직원은 상사들이 자기 경험에서 벗어나지 못하는 획일적인 업무 태도와 권위주의적인 행동들을 하고 있다고 지적했다. 물론 상사들을 하나의 동일한 계층으로 인식하기보다는 리더십 행동이 제도화된 형태로 나타나지 않는 것에 대해 피해의식도 강했다. 한마디로 상사의 개인 스타일이 강하게 표출되어 누구를 상사로 만나느냐에 따라 조직 생활이 180도 바뀐다는 불만이었다.

전체적으로 계층 간에는 서로를 문화적 경향성이 다르다고 바라보고 있지만 부하직원도 진급을 하면 과거 상사의 행동을 그대로 답습하는 경우가 많았다.

다른 하나의 중요한 경계는 서로 다른 직군 사이에서 그려졌다. 일반 사무직, 현장 생산직, 연구 계약직 등으로 나눠지다 보니 그 경계선에서 조직 문화 차원의 갈등 양상이 분출되고 있었다. 일반 사무직은 노조의 우산 아래에 안주하는 현장 생산직을 보면서 공동체에 대한 헌신이 너무 떨어진다는 불만이 팽배했다.

반대로 생산직은 사무직에 있는 직원들을 보면서 자신들을 통제하는 집단으로 인식하는 경우가 많았다. 최근에는 사무직의 고용 불안이 가중되면서 공장을 가지고 있는 회사에서는 정년이 보장되는 생산직을 오히려 부러워하고 상대적 박탈감을 호소하는 경향이 강해지고 있다.

그러나 생산직은 그들 나름대로 마치 '이등 시민'과 같이 조직 내에서 열위에 있는 집단이라는 인식을 여전히 유지하고 있기도 한다. 여기에 연구직까지 있는 조직에서는 오랜 기간과 투자가 수반되어야 하는 연구 개발의 특성을 고려하지 않고 다른 직군과 같은 평가 보상 체계를 들이댄다고 이야기한다.

문화 경계선을 그려보면 조직 문화의 변화관리가 개입해야 할 이슈와 대상을 구체적으로 좁혀나갈 수 있다. 물론 갈등이 부각된다고 해서 모든 갈등에 조직이 개입해야 한다는 의미는 아니다. 하지만 여러 가지 문화적 이슈를 정확히 파악하는 것은 변화관리의 일차적인 과제이다.

조직 구성원들은 배려의 문화를 꽃피우자고 이야기한다. 배려의 가치를 구현하는 프랙티스를 설계한다. 보다 효과적인 변화관리를 위해서는 차이를 이해하고 배려하는 것이 직원 개개인 간에도 요구되지만 문화 경계선으로 갈라지는 내부의 작은 조각들 사이에서도 적극적으로 일어나도록 관리해야 한다.

사고의 변화, 행동의 변화

●

행동 변화를 위해서는 '관찰'이 선행되어야 한다. 긍정으로 접근하든 부정으로
접근하든 관찰된 행동을 가지고 이야기해야 하기 때문이다. 아이들에게도 '너는
버릇이 없는 것 같다'가 아니라 '너는 왜 다녀오겠습니다라고 인사하지 않느냐'
고 지적해야 한다. 그럴 때 행동의 변화가 일어난다.

조직의 변화관리에서는 새로운 시스템 도입이 비교적 쉽다. 예컨대
구성원에게 새로운 시스템의 효과를 설명하고 전반적인 활용 가이드
와 매뉴얼을 제공한다. 그후 한두 차례의 연습을 거쳐 지속적으로 사
용하게 유도하면 된다. 만약 활용도가 떨어지면 보상하거나 처벌하는
방침을 정해 더 강력하게 유도한다. 새로운 시스템이 활용하기도 쉽
고 효과적이라면 사용 빈도는 늘어나고 점차 습관화되면서 조직 내부
에 정착될 것이다.

이에 비해 조직 문화의 변화관리는 몇 곱절이나 어렵다고 볼 수 있
다. 조직 문화가 변한다는 것은 구성원의 사고가 바뀌고 그럼으로써
행동이 변화한다는 것이다. 사고와 행동 변화에 영향을 주는 요인은
다양하다. 특히 인간의 사고는 외부에서 마음대로 제어할 수 있는 대
상이 아니다. 여기서 제어할 수 없다는 것은 반드시 변화가 어렵다는
것을 의미하지는 않는다. 예컨대 역할 모델을 스스로 발견하여 그 같
은 변화 방향에 대한 진정한 동의가 일어난다면 개인의 사고 변화는

아무런 외부 개입 없이도 가능하다. 행동 변화도 강제로 할 수 있다. 하지만 사고 변화가 전제되지 않은 행동 변화는 강제력이 떨어지는 순간 바로 원 상태로 돌아가게 된다. 또한 강제력이 유지되는 기간에도 사고 변화가 전제되지 않았다면 행동 변화의 효과보다도 더 큰 부작용이 수반된다. 아마도 강제력이 미치지 않는 곳에서 상반된 행동을 과거보다 더 강하게 하고 있을 것이다.

나는 이와 같은 이유로 조직 문화의 변화관리 노력을 사고와 행동 변화에 각각 7:3의 비율로 안배하기를 권고해왔다. 7:3은 노력의 양적인 배분이다. 그 자체가 중요도를 나타내지는 않는다. 중요도를 따지자면 사고와 행동 변화가 모두 10의 중요성을 가진다.

현재 실행되는 조직 문화의 변화 노력의 형태를 살펴보자. 많은 조직에서 구성원의 사고 변화를 위해 집합 교육을 실시한 후 말미에 행동 변화 계획서를 제출받는다. 그리고 향후 행동 변화의 기대를 가지고 추이를 모니터링한다. 그러나 기대만큼의 변화는 일어나지 않고 점차 집합 교육을 통한 변화 활동의 무용론이 강화되어 왔다. 행동 변화를 유발시키는 현장 밀착적인 접근 프레임이 그다지 강력하지 않은 것이다.

따라서 다른 변화관리 활동과는 달리 조직 문화의 변화관리는 한두 가지의 변화 도구나 스킬을 가지고 하는 것이 아니라 통합적인 접근 프레임으로 이뤄져야 한다. 변화 도구와 스킬은 접근 프레임을 구현하는 하나의 리소스일 뿐이다.

펀 경영 활동의 결과는 '뻔'하다

조직 문화의 변화관리는 활동을 관리하는 것이 아니다. 행동을 관리하는 것이다. 행동 변화의 관리를 위해 동시에 사고 변화를 도모하는 것이다. 활동은 하나의 리소스일 뿐 그것으로 진정한 변화가 일어나지는 않는다.

이른바 펀 경영, 유머 경영, 신바람 경영 같은 표현들이 한동안 이슈가 되었다. 사실 일터가 즐거워야 한다는 것은 너무나 당연해서 이론의 여지가 없다. 원래 펀fun 경영이란 표현은 앞 장에 나온 'GWP 조직 문화 모델'이 2000년대 초반 국내에 소개되는 과정에서 유포된 것이다. GWP의 기본 철학은 경영진을 신뢰하고 업무에 자부심을 가지고 동료들 간에 재미있게 일하는 관계를 구축할 때 일류 조직 문화가 된다는 것이다.

조직의 실무자들은 어떻게 하면 직원들이 경영진을 신뢰하게 만들 것인가를 고민했지만 방법이 궁했다. 더구나 '현장의 직원들이 경영진을 신뢰하지 않는다'는 이야기는 외부에 공개되어서 좋을 것이 없었다. 업무와 조직에 대해 자부심을 가지게 만들라는 문제도 마찬가지였다. 말처럼 쉽게 접근할 수 있는 문제가 아니었다.

남은 것은 재미였다. 경영진에서 GWP 조직 문화를 추진해 보라는데 아무것도 안 할 수는 없는 노릇이었다. 기존에 했던 동호회 활동과 '호프데이(맥주 한 잔 마시는 날)' '잘했데이(칭찬 격려하는 날)' '애썼데이(정시에 퇴근하는 날)' 같은 것을 정해 실행했다. 그러나 이런 활동의 실행과 관리는 결과가 뻔할 수밖에 없다.

원래 재미는 서로 배려하기 때문에 옆 동료와 함께 일하는 것이 즐겁다는 의미이다. 하지만 일하는 관계 속으로 스며들기는 힘들었다.

애당초 펀 경영 활동이란 것은 GWP 조직 문화의 구현을 위한 '정면 승부'가 아니었다. 어렵다고 피해 가서는 진정한 변화가 이뤄지지 않는다. 변죽만 울리는 꼴이 된다.

사고의 변화, 행동의 변화

조직 문화의 변화를 위해 정말로 관리해야 하는 것은 사고와 행동의 변화이다. 오랜 기간 유지되어 왔던 사고방식과 몸에 밴 행동 방식을 변화시키는 일이다. 따라서 다양한 리소스를 가지고 핵심적인 접근 프레임에 입각한 실행이 요구된다.

사람들은 반복을 싫어한다. 나는 수많은 인터뷰에서 '왜 조직에서 일하는데 재미가 없습니까'라는 질문을 던져봤다. 공통적인 답변은 '어제나 오늘이나 똑같은 일을 하니까 재미가 없다'는 것이었다. 아무런 발전도 없는 것 같으면서 똑같은 일을 반복하는 것을 거부하는 것이다.

조직 문화의 변화관리는 '반복'의 극복이다. 변화를 추진하는 쪽에서는 궁극적인 변화를 위해 자극이나 개입을 반복적으로 줄 수밖에 없다. 또한 변화 대상자가 보이는 반복에 대한 거부를 극복해야 한다. 단번에 사고를 전환시킬 수 있으면 좋겠지만 개인의 사고는 제어할 수 있는 것이 아니다. 형태를 달리할 수는 있지만 본질적으로는 메시지의 반복적인 전달이 될 수밖에 없다. 이렇게 말하면 너무 어려워 보인다. 그러나 모든 변화는 이른바 티핑 포인트, 즉 임계점까지의 변화가 어려운 것일 뿐이다. 그 이후의 변화는 탄력을 받게 되어 있다.

가장 효과적인 사고 변화의 방법은 사고하는 프레임 자체를 변화시키는 것이다. 심리 프레임에 관한 많은 서적에 다양한 실증 사례들

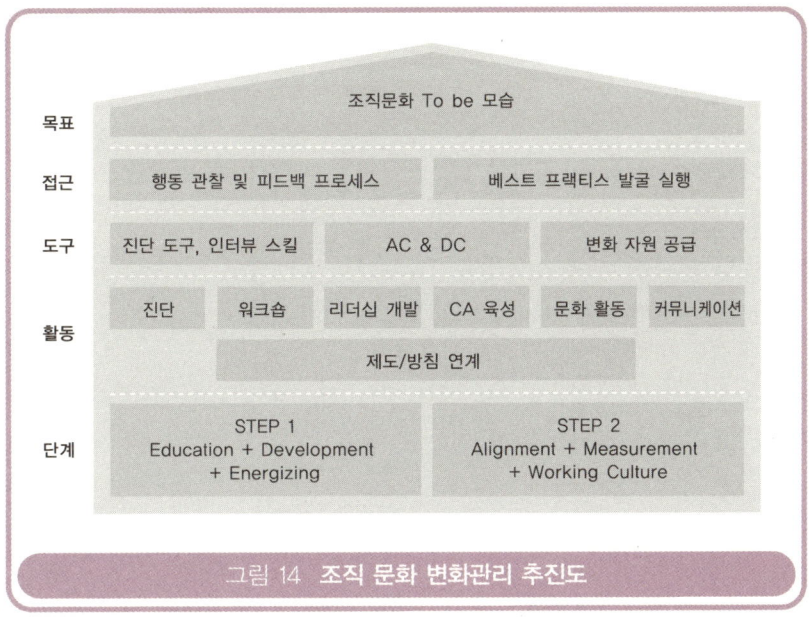

목표	조직문화 To be 모습				
접근	행동 관찰 및 피드백 프로세스			베스트 프랙티스 발굴 실행	
도구	진단 도구, 인터뷰 스킬		AC & DC	변화 자원 공급	
활동	진단	워크숍	리더십 개발 CA 육성	문화 활동	커뮤니케이션
	제도/방침 연계				
단계	STEP 1 Education + Development + Energizing			STEP 2 Alignment + Measurement + Working Culture	

그림 14 조직 문화 변화관리 추진도

이 등장한다. 예컨대 '사후 장기 기증을 원하는 사람은 표기하라'고 이야기하는 것과 '사후 장기 기증을 원하지 않으면 표기하라'고 이야기하는 변화만으로도 결과에 엄청난 차이가 난다는 것이다. 따라서 변화관리의 접근 프레임에 부합하는 심리학 기반의 다양한 연구 성과들을 리소스로 활용할 수 있을 것이다.

행동 변화를 위해서는 '관찰'이 선행되어야 한다. 긍정으로 접근하든 부정으로 접근하든 간에 그 전제는 관찰된 행동을 가지고 이야기해야 하기 때문이다. 아이들의 교육 차원에서도 마찬가지이다. 예컨대 '너는 버릇이 없는 것 같다'고 지적하는 것이 아니라 '너는 왜 다녀오겠습니다라고 인사하지 않느냐'를 지적해야 한다. 그럴 때 향후 인사를 하는 쪽으로 행동의 변화가 일어날 수 있다. 그 전제는 다

행동 강화 이론

어떤 행동을 더 자주 하게 만드는 것을 '강화'라고 하고, 행동을 더 자주 하게 만드는 요인을 '강화 인자'라고 한다. 자녀 교육의 대표적인 강화 인자에는 다음과 같은 것이 있다.

① 음식물 : 과자, 청량음료, 우유, 과일
② 조각물 : 완구, 장신구, 취미용품, 학용품, 자전거, 게임
③ 시청각 : 영화 관람, TV 시청, 악기 연주
④ 커뮤니케이션 : 칭찬하기, 안아주기, 격려하기, 주목하기, 박수, 웃어주기
⑤ 토큰 : 포커 칩, 스티커, 스탬프, 티켓

강화 인자는 몇 가지 특징을 가지고 있다.

첫째, 강화 인자는 반드시 행동한 후에 주어진다. 행동하기 전에 주어지는 것은 강화 인자가 아니다. 열심히 일하겠다고 약속했기 때문에 칭찬을 해주었다면, 그것은 열심히 일하는 행동의 강화 인자가 아니라 약속 행동의 강화 인자가 된다.

둘째, 강화 인자는 행동을 반드시 늘린다. 실제로 행동이 늘어나지 않았을 때는 강화 인자가 아니다.

셋째, 강화 인자는 변한다. 똑같은 칭찬이라도 상황에 따라 혹은 누가 하느냐에 따라 강화 인자가 되기도 하고 못 되기도 한다.

넷째, 강화 인자도 너무 자주 쓰면 효과가 줄어든다. 똑같은 칭찬을 매번 하게 되면 바로 효과가 줄어든다. 충분히 칭찬을 들어 칭찬에 대해 무감각해지는 포화가 이뤄지는 것이다.

적극적으로 강화 인자를 사용하면 행동 변화에 긍정적인 결과를 유도하는 것은 분명하다. 사람들은 적극적으로 강화 인자를 쓰는 관리자를 좋아한다.

녀오겠다는 인사를 하지 않는 행동에 대한 관찰이다.

나는 신뢰란 '상대방이 보여준 행동의 누적을 통해 충분히 예상할 수 있는 미래 행동에 대한 믿음'으로 정의한 바 있다. 따라서 신뢰의

증진도 신뢰받을 수 있는 행동을 규정한 후, 그 행동의 관찰과 피드백의 반복적 실행을 통해서 이뤄질 수 있다. 행동의 관찰과 피드백에 대해서 내가 권고하고 실행하는 원칙은 긍정과 부정의 비율을 7 : 3으로 유지하는 것이다. 긍정적인 피드백을 할 때가 부정적인 피드백을 할 때보다 그 행동의 지속 가능성이 크다는 것은 실증적인 연구를 통해 일반론이 되어 있다.

행동 변화를 위해서는 행동분석학적인 많은 선행 연구를 접근 프레임에 맞춰 유용한 리소스로 삼아야 한다. 구성원의 역량 강화를 위해 사용하는 어세스먼트assessment 기법들은 모두 행동에 관한 관찰을 전제로 하여 이뤄진다. 이런 기법을 리소스로 활용하면 신뢰 행동에 관한 관찰과 피드백을 실행할 수 있다.

물론 제도도 사람의 행동을 변화시킨다. 여기서 제도란 평가 보상 시스템 같은 것이 아니다. 그것을 포함하여 가벼운 근무 환경을 바꾸는 것도 제도의 변화이다. 이런 실험 결과도 있다. 두 개의 10평짜리 공간에 각각 두 사람씩 들어가게 한다. '아무런 행동이나 하십시오'라고 안내한 후 어떤 행동을 하는가를 관찰한다. 이때 한쪽 공간은 아주 깨끗한 곳이었고 다른 한쪽은 아주 더러운 곳이었다. 두 공간에서 사람들이 보여주는 행동은 판이하게 달랐다.

수평적인 관계를 위해서 라운드 테이블에 앉아서 일하는 방식을 택하는 것도 제도의 변화이다. 앞서 이야기했던 CJ의 호칭 파괴 역시 제도 변화의 일환이다. 호칭을 파괴하면 그에 연관된 의식과 행동의 변화가 일어난다. 다만 이런 제도 변화는 하나의 활동 혹은 변화 접근을 위한 리소스이다. 진정한 조직 문화의 변화관리에는 이 같은 리소스가 더욱 많이 결합되어야 한다.

숫자 활동 언어 행동 –
무엇을 관리할 것인가

●

고객관리 역량이 뛰어난 직원은 일단 '고객'이라는 단어와 '고객이 중요하다'는
내용의 이야기를 다른 직원에 비해 훨씬 빈번하게 한다. 언어가 곧 사고의 표현이
고 언어 사용 자체가 일종의 행동이기 때문에 언어의 관리가 중요하다. 언어 사용
이 바뀐다는 것만큼 확실한 사고 행동의 변화는 있을 수 없다.

오늘날 조직 경영에서 측정에 대한 믿음은 확고하다. 모든 것은 '측정
할 수 있을 때 관리할 수 있다'는 믿음이다. 경영 활동의 하나하나를
측정하여 수치로 나타내려는 흐름은 이제 거스를 수 없는 대세가 되
었다.

특히 관리 업무를 담당하는 부서일수록 이 같은 경향은 강해진다.
그러나 관리를 받는 현장 직원의 입장에서는 수치화하기 어렵고 굳이
수치로 나타내도 소용없는 것으로 느껴지는 것도 많다.

"도대체 이런 걸 어떻게 수치로 나타내. 별 쓸모도 없는 일을 왜
자꾸 시키는 거야."

회의가 드는 일에 시간을 빼앗기면 짜증이 나지 않을 수 없다. 조
직 문화의 변화관리에서 등장하는 수치도 관리 편의적이며 보고를 위
해 생성되는 것이 적지 않다. 어찌되었건 측정된 수치는 어떻게 활용
하느냐에 따라 약이 될 수도 독이 될 수도 있다. 현실에서는 독이 되

는 경우가 더 많은 것 같다.

"통화가 끝나면 조금 후에 본사에서 간단한 문의 전화가 갈 겁니다. 만족 여부를 물어보면 '아주 만족'이라고 응답 좀 부탁드립니다."

누구나 전화 말미에 이런 부탁을 한두 번씩은 받아봤을 것이다. 꼭 전화가 아니더라도 설문지에 동그라미를 쳐달라는 부탁을 듣기도 한다. 초일류기업이라는 회사의 서비스 센터에서도 수리가 끝나면 직원이 설문지를 나눠주며 '아주 만족'에 체크를 해달라고 아쉬운 소리를 한다. 직원이 뻔히 바라보고 있는 상황에서 아주 솔직하게 만족 여부를 체크하는 고객이 얼마나 될지 의문이다. 아무튼 서비스 센터 직원들은 고객만족지수가 그렇게 만들어져 관리되고 보고된다는 사실을 다들 알고 있다.

고객은 비록 뻔한 행동이지만 설문지에 체크를 하면서 그 회사가 고객만족을 중시한다는 착각에 빠질 수 있다. 그러니까 회사는 설문에서 얻어지는 결과보다도 만족도에 대한 응답을 요구함으로써 당신의 의견을 소중하게 다루고 있다는 느낌을 받도록 하는 것이다.

변화관리에서 흔히 사용하는 변화 준비도 조사라는 것도 실제 변화에 대한 구성원의 준비 상태를 진단하는 목적과 함께 그런 활동을 통해 조만간 변화가 시작될 것임을 알리는 효과를 노리고 있다. 변화 준비도 결과를 가지고 조직 내에서 뒷다리 잡는 경우는 드물다. 하지만 일정 기간 변화관리 활동을 한 후 이뤄지는 변화 진척도 조사 결과에 대해서는 거의 예외 없이 시비 거는 임원이 등장한다.

"왜 우리 부문이 꼴찌입니까. 빨리 대책을 세워서 다음 조사 때는 최소한 3.5점 이상으로 올리세요."

예컨대 임원은 자부심이 떨어진다, 재미를 못 느낀다, 신뢰가 없다, 커뮤니케이션이 잘 안 된다는 식으로 해석되는 설문조사 수치에 대해서 실무자를 닦달한다. 실무자로서는 난감하지 않을 수 없다. 뾰족한 대책이 있는 것도 아니다. 사실은 임원이 닦달하기만 하니까 문제해결이 더 어렵다고 느끼면서도 이야기할 수 있는 처지가 못 된다. 임원이 이렇게 나오면 팀장이 어떤 메시지를 내려보낼까는 불문가지이다. 팀장은 '세상에 비밀이 어디 있어. 다 드러난다'는 정도로만 이야기하면 된다.

바로 다음날 재조사해보면 수치는 4.5점이라도 넘어설 것이다. 직원들은 적당히 알아서 응답한다. 이 같은 경험이 한두 번 쌓이면 온갖 설문에 좋은 게 좋은 것으로 응답하는 조직 문화가 형성된다. 조사 수치는 올라가지만 조직에는 부작용이 더 심화된다. 구성원 누구도 설문조사에 의미를 부여하지 않게 되면서 악순환은 이어지게 될 것이다.

물론 '측정할 수 있을 때 관리할 수 있다'는 명제를 전면적으로 부정할 수는 없다. 그러나 기왕에 하는 것이라면 제대로 측정해야 한다. 측정 대상에는 제품 불량률이나 재고 증가율처럼 정확히 계산할 수 있는 정량적인 것도 있다. 하지만 고객 혹은 종업원 만족도나 조직 신뢰도처럼 계산되지 않는 정성적인 것도 많다.

여기서 정성적인 측정은 평가를 통해 이뤄져야 한다. 그런데 고객 만족도를 측정할 때 고객에게 단순히 '만족하셨습니까'라고 묻는 것으로는 한계가 있다. 고객은 어느 수준이 '만족' 혹은 '매우 만족'인지 알 수 없다. 또한 다른 고객에게는 어느 정도 만족스럽게 하는지 비교 사례를 갖고 있지도 않다. 무엇보다 만족 여부를 적극적으로 솔직하게 응답해줘야 하는 분명한 이유도 없다.

정량적인 측정은 자체적으로 상당한 수준의 객관성을 가지고 있다. 하지만 평가를 통해 이뤄지는 정성적인 측정은 객관성을 담보하기 위해 그 역할을 전문가에게 맡겨야 한다. 아버지 직업이나 물어보던 면접이 점차 전문가 면접으로 바뀌는 것이나 대학에서 입학사정관제를 도입하는 것이 이와 같은 이유 때문이다. 훈련받은 면접관과 입학사정관은 자신의 주관적인 판단에 의해 평가하는 것이 아니다. 객관성 있는 기준을 사전에 마련하고 그 기준에 비춰 판단하고 평가한다.

따라서 고객만족도를 평가할 때도 최소한 '밝은 표정과 목소리로 질문 후 고객이 1초 이내에 긍정적으로 답변할 때 매우 만족한 것'이라는 기준을 정해놓고 그것을 훈련받은 전문가가 측정하도록 해야 한다.

정성적인 평가일수록 전문가에게 맡겨야 한다는 원칙과 객관적인 행동지표를 사전에 정의해 놓아야 한다는 원칙에 가장 근접한 평가 형태는 조직에서 직원의 역량 강화를 위해 실행하는 어세스먼트 기법이다.

예컨대 고객관리 역량이 탁월하다(5점)는 것은 '단골 고객의 리스트를 가지고 주기적으로 연락을 하면서 경조사를 챙기고 구체적 욕구를 파악하는 수준'이라고 정의한 후 직원이 그런 행동을 보이는가를 훈련받은 어세서assessor를 통해 진단한다. 고객관리 역량이 미흡하다(2점)는 것은 '고객관리가 중요하다는 것을 자신의 언어로 말할 수 있는 수준'에 지나지 않는다고 명확하게 정의해놓는 것이다.

조직 문화의 변화관리는 구성원의 사고와 행동 변화, 즉 정성적인 변화를 궁극적인 목표로 하면서도 실제 변화 정도를 평가하는 데 있어서는 정량적인 측정의 방식을 적용하는 우를 범해왔다. 더군다나 그렇게 해서 만들어진 수치를 조직에 많은 부작용을 줄 수밖에 없는, 닦달하는 관리를 위한 데이터로 사용해왔다.

나의 경험을 돌이켜봐도 조직 문화의 변화관리는 특히 구성원이 사용하는 언어의 관리가 중요하다. 정량적인 측정을 하더라도 특정한 언어의 사용이 얼마나 조직 내부에 폭넓게 퍼져 있는가를 평가하고 그것을 수치화시키려고 노력해야 한다. 실제로 관찰 조사를 해보면 고객 관리 역량이 뛰어난 직원은 일단 '고객'이라는 단어와 '고객이 중요하다'는 내용의 이야기를 훨씬 빈번하게 한다는 것을 알 수 있다.

언어가 곧 사고의 표현이고 언어 사용 자체가 일종의 행동이기 때문에 언어의 관리가 중요하다. 따라서 언어 사용이 바뀌는 것만큼 확실한 사고 행동의 변화는 있을 수 없다. 특정한 언어를 많이 쓴다는 것은 그런 방향으로 사고를 강화하고 그런 방향으로 행동을 변화시키는 것이다.

신뢰가 중시되는 문화를 구현하기 위해서는 신뢰라는 언어가 조직 내부의 공통 언어, 그러니까 구성원 대다수가 정확한 의미를 공유한 상태에서 일상적으로 사용하는 언어가 되도록 관리해야 한다.

"나는 우리 경영진을 신뢰해."

"이런 회사를 어떻게 신뢰해."

언어는 긍정 혹은 부정적인 의미로 사용될 수 있다. 설령 부정적인 의미로 사용되더라도 일단 사용되지 않는 것보다는 훨씬 낫다. 칭찬이나 질책이 무관심보다 나은 것과 같은 맥락이다.

구성원의 언어 관리를 통한 사고 행동의 변화를 유도하기 위해 금지어禁止語 워크숍이란 것을 실행하는 경우도 있다. 워크숍을 진행하면서 '글쎄요' '안 된다' '어쩔 수 없다' 와 같은 부정적 사고를 대표하는 단어의 사용을 금지시키는 것이다. 몇 번의 연습을 통한 학습 과정을 거치면 어느 순간 워크숍 집단이 긍정적으로 사고하는 변화를 보이게 된다.

편경영으로 조직 문화가
변화되지 않는다

나는 지난 8년 동안 일하기 좋은 기업GWP의 조직 문화 모델을 국내에 널리 알려왔다. 또한 민간기업을 비롯한 한국의 다양한 조직이 일하기 좋은 기업 문화를 구현해 가도록 돕는 조직 문화 변화관리 컨설팅을 해왔다.

GWP는 미국에서 일하기 좋은 기업으로 선정되는 포천 100대 기업의 조직 문화 모델을 의미한다. 상하 간의 신뢰, 조직과 업무에 대한 자부심, 동료들과 함께 일하는 재미를 보편적 가치로 추구한다는 개념이다.

나는 2002년부터 2006년까지 한국의 일하기 좋은 기업 선정 프로젝트를 기획하고 총괄했다. 당시에는 주로 한국 기업들의 조직 문화를 진단하고 다양한 변화 사례들을 발굴하면서 GWP 조직 문화 모델을 전파했다. 이후 나는 보다 실무적으로 개별 기업의 조직 문화 구축을 지원하는 변화관리 컨설팅을 해왔다.

처음 GWP 조직 문화 모델을 접했을 때, 오랫동안 필드 조사를 통해 수립된 모델에 대해 깊은 매력을 느꼈다. 많은 사람들이 그렇듯이 나 역시 십여 년 동안 조직 생활을 하면서 개인이 넘을 수 없는 강한 조직 문화의 장벽을 실감했다. 초기에 만났던 여러 조직의 실무자들은 '참 바람직하긴 한데, 너무 이상적인 것 아니냐'는 반응을 보이기도 했다. 그러나 최근에는 조직 문화를 혁신해보고자 하는 기업이 늘었다. 조직의 실무자 중에는 GWP 모델에 깊은 관심을 드러내는 경우도 많아졌다.

국내에서는 한동안 조직 활성화 차원에서 펀경영이란 것이 유행했다. 즐거운 직장 분위기를 만들자는 펀 경영은 사실 GWP 모델에서 파생된 것이다. GWP가 추구하는 가치 중에서 선택된 '재미'는 GWP가 근본적으로 추구하는 방향에서 벗어나 있었다. 조직 내 구성원들은 직장 동료들과 함께 맥주를 마시고 등산을 하고 유머를 이야기한다고 해서 조직 문화가 근본적으로 바뀌지 않는다는 것을 더 잘 알고 있다.

이런 개념들과 차별화하기 위해서 더 체계적이고 실질적인 GWP 조직 문화의 변화관리 방법론이 필요했다. GWP는 매우 훌륭한 조직 문화 모델이기는 하지만 구현 방법론에서는 연구 개발 여지가 많았다. 예컨대 구성원 간의 신뢰를 높이기 위해 커뮤니케이션을 활성화시켜야 한다고 하면서도 그에 대한 구체적인 방법을 제시하지는 않았다. 커뮤니케이션이 활성화된 상태가 어느 수준인지 정의하지도 않았다. 더구나 한국 기업에서는 조직 문화의 변화가 거의 불가능에 가깝다는 부정적 인식이 팽배했다.

나는 좀 더 체계적인 GWP 조직 문화 변화관리 방법론을 수립하려 했다. 학문 연구를 통해 습득했던 문화인류학적인 지식과 비교문화의 다양한 프레임을 검토하고 경영학의 조직 개발 이론을 접목시켰다. 그것을 실제 컨설팅 현장에서 적용하여 소기의 성과도 이끌어냈다. 이 책은 이렇게 터득한 경험을 기반으로 조직 문화에 대한 일반인들의 관심을 재고시키는 한편 조직의 실무자들과 조직 문화 변화관리의 방향을 공유하려는 취지에서 썼다.

우리가 중점적으로 고민해야 할 것은 조직의 구성원들이 어떤 조직 문화에서 일하기 좋아하는가이다. 조직은 그런 문화를 구현하면서 신뢰에 기반한 성과를 낼 수 있어야 한다. GWP 조직 문화로 다가가기 위해서는 우선 신뢰, 자부심, 재미와 같은 보편적 가치를 재고해야한다. 그 중에서도 신뢰는 가장 중요한 가치이며, 어느 조직에나 부합될 수 있는 이야기이다. 관리자의 리더십과 구성원들의 반응이 신뢰를 강화하는 방향으로 변화해야 한다.

이어 변화의 깊이를 더하기 위해서는 신뢰의 의미가 조직 문화의 유형이나 계층별 구성원의 입장에 따라 서로 다르다는 점을 감안해야한다. 어떤 조직에서는 규율의 준수를 통해 단합과 상호 신뢰를 높이고, 어떤 다른 조직에서는 창의적인 아이디어의 공유를 통해 단합과 상호 신뢰를 높일 것이다. 이런 것이 각 개별 기업에서 갖고 있는 핵심가치이다. 다시 말해 전략적 가치의 재고가 뒤따라야 하는 것이다.

조직 구성원들은 보편적 가치와 전략적 가치의 재고를 통해 '선물교환'에 기반한 다양한 문화적 프랙티스를 공유해야 한다. 구조주의적 시각에서는 인간 행동의 기본 구조를 교환으로 본다. 어떤 물건이, 어떤 방식으로, 어떤 목적으로 교환되는가는 시대와 문화에 따라다르다. 하지만 원래 인간의 교환은 단순한 재화의 주고받음을 넘어선 마음의 교환이다. 사람들이 크리스마스 카드를 받을 때 중요한 것은 카드 그 자체가 아니라 그 속에 담긴 정성이나 애정이라고 느끼는 것과 같은 맥락이다.

현재 한국의 조직 문화에는 선물 교환적인 면이 없다. 조직은 개인을 배려하지 않고 개인은 조직에 몰입하지 않는다. 신뢰에 기반하여 보편적이고 전략적인 가치를 재고하는 과정에서 조직은 구성원에게 자율, 배려, 존중을 선물하고, 구성원은 헌신, 몰입, 개선으로 화답하는 변화가 절실하다. 조직과 구성원은 서로에게 무엇이 선물인가를 정의하고 그것을 적극적으로 교환해야 한다.

이 책이 한국의 조직 문화가 보다 개선되는 데 작은 보탬이 되길 기대한다. 끝으로 그 자리에 있는 것 자체로 힘이 되는 나의 아내와 두 딸에게 깊은 감사를 드린다.

2010년 10월

박재림

KI신서 2643

신입사원이 복사기 옆에 앉았을 때
생길 수 있는 문제들

1판 1쇄 인쇄 2010년 10월 15일
1판 1쇄 발행 2010년 10월 20일

지은이 박재림
펴낸이 김영곤 **펴낸곳** (주)북이십일 21세기북스
출판콘텐츠사업본부장 정성진 **TF팀장** 안현주
기획 최혜빈 **편집** 북에너지 **북디자인 표지** twoes **본문** 프리스타일, 박현정
마케팅영업본부장 최창규 **마케팅** 김보미 허정민 김현유 **영업** 김용환 이경희 우세웅
출판등록 2000년 5월 6일 제10-1965호
주소 (우 413-756) 경기도 파주시 교하읍 문발리 파주출판단지 518-3
대표전화 031-955-2100 **팩스** 031-955-2151 **이메일** book21@book21.co.kr
홈페이지 www.book21.com **커뮤니티** cafe.naver.com/21cbook

ⓒ 박재림, 2010

ISBN 978-89-509-2596-3 03320
책값은 뒤표지에 있습니다.